MEDIA BUYER
LE GUIDE ULTIME

SOMMAIRE :

Module 1 : Introduction au Media Buying
1. Qu'est-ce que le media buying ?
2. Pourquoi le media buying est crucial pour les entreprises ?
3. Vue d'ensemble des plateformes publicitaires : Focus sur Facebook Ads.

Module 2 : Fondamentaux de Facebook Ads
1. Introduction à la plateforme Facebook Ads Manager.
2. Comprendre le pixel Facebook et son importance.
3. Les différents types de campagnes publicitaires.
4. Structure d'une campagne : Campagne, ensemble de publicités, publicité.

Module 3 : Ciblage et Audience
1. Comprendre les audiences sur Facebook.
2. Création d'audiences personnalisées.
3. Audiences similaires : comment et pourquoi les utiliser.
4. Techniques avancées de segmentation.

Module 4 : Création de Publicités Efficaces

1. Les éléments d'une publicité réussie.
2. Rédaction et conception visuelle.
3. A/B Testing : Comment tester différentes versions.
4. Mesurer et comprendre le score de pertinence.

Module 5 : Budget et Enchères

1. Comprendre le système d'enchères de Facebook.
2. Définir et gérer votre budget.
3. Stratégies d'optimisation des coûts.
4. Quand et comment ajuster votre budget.

Module 6 : Analyse et Optimisation

1. Introduction aux outils d'analyse de Facebook.
2. Interpréter les données et KPIs clés.
3. Comment optimiser en cours de campagne.
4. Techniques avancées d'optimisation pour maximiser le ROI.

Module 7 : Facebook Business Suite et Outils Connexes

1. Présentation de la Business Suite.
2. Utilisation de Facebook Analytics.
3. Intégration avec d'autres outils et plateformes.
4. Gestion et collaboration au sein des équipes.

Module 8 : Conformité et Meilleures Pratiques

1. Règles publicitaires de Facebook : ce qu'il faut savoir.
2. Comment éviter les désapprobations de publicités.
3. Gérer les réclamations et les feedbacks.
4. Meilleures pratiques pour une stratégie publicitaire éthique.

Module 9 : Au-delà de Facebook - Intégration Multicanale

1. Comprendre le parcours du client multicanal.
2. Intégration avec Instagram Ads.
3. Utilisation de la publicité multiplateforme.
4. Mesurer le succès à travers différents canaux.

Module 10 : Études de Cas et Scénarios Réels

1. Analyse de campagnes réussies.
2. Comprendre les erreurs courantes et comment les éviter.
3. Scénarios pratiques : De la création à l'optimisation.
4. Atelier : Créez votre propre campagne de A à Z.

Module 11 : Construire sa Carrière en tant que Media Buyer

1. Comment se positionner sur le marché.
2. Travailler en freelance vs. en agence.
3. Développer un portfolio et obtenir des témoignages.
4. Continuer à se former : Rester à jour avec les évolutions de l'industrie.

Module 12 : Conclusion et Étapes Suivantes

1. Récapitulatif des compétences acquises.
2. Plan d'action pour les 90 prochains jours.
3. Ressources supplémentaires et formations recommandées.
4. Clôture et feedback sur la formation.

Module 1 : Introduction au Media Buying

Le media buying, ou achat d'espace publicitaire, est un élément crucial dans le monde du marketing et de la publicité. Cette stratégie consiste à acquérir des espaces publicitaires sur divers médias, que ce soit en ligne ou hors ligne, pour diffuser des messages promotionnels. Dans notre ère numérique, le media buying a pris une dimension nouvelle, intégrant des plateformes complexes et des méthodes ciblées pour atteindre des audiences spécifiques. Comprendre ce concept, son importance et son fonctionnement est essentiel pour toute personne souhaitant exceller dans le domaine du marketing digital.

1.1 Qu'est-ce que le media buying ?

Le media buying est le processus d'achat d'espaces publicitaires sur divers canaux de communication. L'objectif principal est de trouver les placements les plus stratégiques et rentables pour atteindre le public cible d'une marque avec des messages publicitaires. Cela implique une série de décisions stratégiques pour déterminer quand, où et comment diffuser une publicité pour obtenir le maximum de visibilité et d'impact.

Dans le passé, l'achat d'espace publicitaire était principalement associé aux médias traditionnels tels que la télévision, la radio, les journaux et les panneaux d'affichage. Cependant, avec l'avènement d'Internet et des médias sociaux, le paysage publicitaire a radicalement changé. Aujourd'hui, le media buying englobe également les plateformes numériques, offrant une gamme plus large de canaux à travers lesquels les marques peuvent communiquer avec leur audience.

Processus de Media Buying :

1. Planification : Avant d'acheter de l'espace publicitaire, les media buyers (acheteurs d'espace) doivent comprendre les objectifs de la marque, le marché, et le comportement de l'audience cible. Cette étape implique de la recherche et une analyse approfondie pour planifier une campagne efficace.

2. Sélection des canaux : Les acheteurs choisissent ensuite les plateformes ou canaux médias les plus pertinents en fonction de l'audience cible. Cela peut inclure la télévision, la radio, les médias imprimés, les plateformes en ligne, les réseaux sociaux, etc. Le choix dépend de plusieurs facteurs, notamment le budget, les objectifs de la campagne, et là où l'audience cible est la plus susceptible d'être engagée.

3. Négociation et achat : Cette étape implique la négociation des tarifs et des positions avec les propriétaires de médias ou les réseaux publicitaires. L'objectif est d'obtenir les meilleurs emplacements au meilleur prix. Les acheteurs d'espace doivent avoir une connaissance approfondie des tarifs du marché, des conditions de contrat, et des compétences en négociation pour réussir à cette étape.

4. Suivi et optimisation : Une fois la campagne lancée, les media buyers surveillent les performances et analysent les données de campagne. Ils évaluent des indicateurs clés de performance (KPI) tels que le nombre d'impressions, le taux de clic (CTR), et le retour sur investissement publicitaire (ROAS). En fonction de ces informations, ils peuvent apporter des ajustements en temps réel pour améliorer l'efficacité de la campagne.

5. Analyse des résultats : Après la campagne, les acheteurs d'espace analysent les résultats pour comprendre ce qui a fonctionné ou non. Cette analyse est cruciale pour informer les stratégies futures et pour assurer une amélioration continue.

L'importance du Media Buying dans le marketing digital :

Dans le contexte du marketing digital, le media buying joue un rôle central dans la réussite des campagnes publicitaires. Voici pourquoi il est si important :

1. Atteindre la bonne audience : Avec tant de bruit dans le monde numérique, atteindre votre public cible est plus complexe que jamais. Le media buying permet aux marques de naviguer dans cet espace encombré et de placer des annonces là où elles auront le plus d'impact.

2. Maximiser le ROI : En sélectionnant les bons canaux et en optimisant les campagnes en temps réel, les marques peuvent obtenir un meilleur retour sur investissement. Cela signifie non seulement atteindre les bons consommateurs mais aussi optimiser les dépenses publicitaires.

3. Flexibilité et contrôle : Les plateformes numériques offrent un niveau de flexibilité sans précédent. Les annonceurs peuvent modifier leurs campagnes, tester de nouvelles stratégies, et réagir aux tendances du marché en temps réel.

4. Mesure et optimisation : Les outils numériques fournissent des données précieuses qui ne sont pas disponibles avec les médias traditionnels. Ces données permettent une mesure précise de la performance, ce qui est crucial pour l'optimisation et le succès à long terme des campagnes.

En résumé, le media buying est un élément essentiel de la stratégie publicitaire d'une marque.

Il exige une compréhension approfondie du marché, une planification stratégique, et une analyse continue. Dans le paysage numérique actuel, maîtriser l'art du media buying est plus crucial que jamais pour se démarquer dans un marché compétitif et atteindre les consommateurs de manière efficace et rentable.

1.2 Pourquoi le media buying est crucial pour les entreprises ?

1. Visibilité et portée accrues

Dans le monde saturé d'aujourd'hui, se faire remarquer est plus difficile que jamais. Les entreprises, grandes et petites, se battent pour la même chose : l'attention. Ici, le media buying entre en jeu comme un sauveur, permettant aux marques d'acheter un 'espace' dans l'esprit des consommateurs.

En investissant dans des espaces publicitaires stratégiques sur des plateformes choisies, les entreprises peuvent augmenter leur visibilité auprès d'un public plus large et plus ciblé. Cette visibilité accrue n'est pas simplement une question de reconnaissance de la marque ; elle ouvre la porte à de nouveaux marchés, démographiques et opportunités, élargissant potentiellement le client potentiel et les bases de fans d'une entreprise.

2. Ciblage précis

L'une des raisons pour lesquelles le media buying est indispensable est sa capacité à cibler avec précision. Contrairement aux méthodes traditionnelles de publicité de masse, l'achat de médias numériques, en particulier, permet aux entreprises de micro-cibler leur audience en fonction de divers critères : démographiques, intérêts, comportement, et plus encore.

Cette précision signifie que les entreprises ne dépensent pas leur budget marketing en parlant à tout le monde (et potentiellement à personne). Au lieu de cela, elles investissent de manière stratégique dans l'espace et le temps pour atteindre ceux qui sont le plus susceptibles de s'intéresser à ce qu'elles offrent. Cela conduit non seulement à un meilleur ROI mais aussi à des relations plus profondes et plus significatives avec les clients, car les messages sont personnalisés et pertinents.

3. Optimisation du retour sur investissement (ROI)

Le media buying n'est pas une dépense ; c'est un investissement. Chaque achat d'espace publicitaire est une opportunité pour les entreprises d'optimiser leur ROI. Comment ? Grâce à la combinaison de ciblage précis, de timing stratégique, et de contenu engageant, les entreprises peuvent atteindre leurs consommateurs idéaux au bon moment et sur le bon canal, réduisant ainsi le gaspillage de ressources sur des prospects non qualifiés.

De plus, avec les outils et les données disponibles aujourd'hui, les entreprises peuvent suivre en temps réel l'efficacité de leurs achats médias. Cette analyse en temps réel permet des ajustements rapides et informés, assurant que les budgets marketing sont utilisés de la manière la plus efficace possible.

4. Compétitivité sur le marché

Le paysage commercial est un champ de bataille, et le media buying est l'une des armes les plus efficaces dans l'arsenal d'une entreprise. Les entreprises qui utilisent efficacement le media buying se positionnent avantageusement dans l'esprit des consommateurs, souvent au détriment de leurs concurrents.

En étant là où les clients sont, en parlant leur langue, et en répondant à leurs besoins, les entreprises ne se contentent pas de vendre ; elles construisent une marque. Cette présence de marque est ce qui établit la loyauté et la préférence, surtout dans un marché où les consommateurs sont confrontés à des options illimitées.

5. Adaptabilité et réactivité

Le monde change rapidement, et les entreprises doivent être capables de s'adapter à ces changements. Le media buying offre une flexibilité inégalée, permettant aux entreprises de réagir rapidement aux tendances du marché, aux changements de comportement des consommateurs, ou même aux crises mondiales.

Cette agilité signifie que les entreprises peuvent rester pertinentes et sensibles, ajustant leurs messages et stratégies en fonction des besoins actuels de leur public. Cette capacité à pivoter rapidement n'est pas seulement bonne pour la marque ; elle est essentielle pour survivre dans un monde imprévisible.

6. Contrôle du récit de la marque

Enfin, le media buying donne aux entreprises le contrôle sur leur histoire. Plutôt que de laisser leur réputation aux mains du hasard ou des organes de presse, les entreprises peuvent utiliser leur espace publicitaire pour communiquer directement avec leur public, établissant et renforçant leur marque, valeurs, et différenciateurs.

En contrôlant ce récit, les entreprises peuvent façonner activement la perception publique, construire la confiance, et, finalement, influencer le comportement des consommateurs en leur faveur.

1.3 Vue d'ensemble des plateformes publicitaires : Focus sur Facebook Ads

Dans le paysage dynamique du marketing digital, la publicité joue un rôle crucial dans la réussite des entreprises modernes. Parmi les plateformes disponibles, Facebook Ads s'est imposée comme un outil incontournable pour les spécialistes du marketing et les media buyers du monde entier. Comprendre son fonctionnement, ses avantages et ses spécificités est essentiel pour toute stratégie de media buying efficace.

Facebook Ads : Un géant de la publicité en ligne

Facebook, avec plus de 2,8 milliards d'utilisateurs actifs mensuels, offre un accès sans précédent à un large éventail de consommateurs. La diversité de sa base d'utilisateurs fait de Facebook une plateforme unique pour les entreprises cherchant à atteindre un public cible très spécifique. En utilisant Facebook Ads, les media buyers peuvent créer des campagnes publicitaires personnalisées basées sur une multitude de paramètres, tels que l'âge, le lieu, les intérêts, et bien plus encore.

Fonctionnement de Facebook Ads

Facebook Ads fonctionne sur un modèle d'enchères, similaire à de nombreuses autres plateformes publicitaires. Cependant, ce qui distingue Facebook, c'est la complexité avec laquelle les annonceurs peuvent cibler leurs audiences. En tant que media buyer, vous devez comprendre comment naviguer dans l'Ads Manager, l'outil utilisé pour créer et gérer les publicités sur Facebook. Vous y définissez votre budget, sélectionnez votre audience, choisissez le placement de vos annonces, et analysez les performances de vos campagnes.

Un aspect essentiel du fonctionnement de Facebook Ads est le pixel Facebook, un code que vous placez sur votre site web pour collecter des données. Cette fonctionnalité permet de suivre les conversions, d'optimiser les publicités, de construire des audiences ciblées pour les futures annonces, et de remarketer les personnes qui ont déjà effectué une certaine action sur votre site.

Avantages de Facebook Ads

1. Ciblage avancé : L'un des principaux avantages de Facebook Ads est sa capacité de ciblage sophistiquée. Vous pouvez cibler les utilisateurs en fonction de leur comportement, de leurs données démographiques, de leurs connexions, de leurs intérêts, etc. De plus, le ciblage par "lookalike audience" vous permet de toucher les utilisateurs qui ressemblent à votre audience actuelle, augmentant ainsi les chances de conversion.

2. Visibilité maximale : Avec le nombre d'utilisateurs actifs sur Facebook, vos publicités bénéficient d'une visibilité inégalée. Contrairement à d'autres plateformes, où la visibilité peut être limitée aux utilisateurs recherchant activement un produit ou service spécifique, les annonces Facebook apparaissent directement dans le fil d'actualité des utilisateurs, attirant ainsi leur attention.

3. Flexibilité créative : Facebook Ads offre une variété de formats publicitaires, y compris les images, les vidéos, les carrousels, les diaporamas, et les "Instant Experiences". Cette flexibilité vous permet de choisir le format le plus adapté à votre message et à votre audience, augmentant ainsi l'engagement et l'efficacité de vos annonces.

4. Analyse et rapports détaillés : Les outils d'analyse de Facebook fournissent des données approfondies sur la performance de vos annonces. Vous pouvez suivre des métriques spécifiques liées à vos objectifs de campagne, telles que les impressions, les clics, les conversions, et le ROI. Ces insights sont essentiels pour ajuster et optimiser vos campagnes.

Défis et considérations

Malgré ses nombreux avantages, travailler avec Facebook Ads présente également des défis. La plateforme est en constante évolution, avec des mises à jour fréquentes de ses algorithmes et politiques publicitaires. Les media buyers doivent rester à jour avec ces changements pour exploiter pleinement la plateforme.

De plus, la concurrence sur Facebook est féroce. Avec un nombre croissant d'entreprises investissant dans Facebook Ads, il est essentiel de se démarquer. Cela nécessite une compréhension approfondie de votre audience cible, une conception créative de haute qualité, et une stratégie d'enchères intelligente.

Enfin, la question de la vie privée et de la sécurité des données est devenue une préoccupation majeure. Facebook a considérablement resserré ses règles, affectant la manière dont les annonceurs peuvent cibler les utilisateurs. Comprendre et respecter ces règles est crucial pour éviter les pénalités, y compris la suspension des annonces ou, dans les cas extrêmes, la désactivation du compte.

Conclusion

Facebook Ads est une plateforme puissante pour les media buyers, offrant un ciblage sophistiqué, une portée massive, une flexibilité créative, et des analytics approfondis. Cependant, naviguer dans cet environnement complexe nécessite une expertise approfondie, une veille constante, et une capacité à s'adapter rapidement aux nouvelles règles et fonctionnalités. En maîtrisant Facebook Ads, les media buyers peuvent exploiter une avenue dynamique pour générer des conversions, augmenter la notoriété de la marque, et finalement assurer le succès des campagnes publicitaires de leurs clients.

Module 2 : Fondamentaux de Facebook Ads

2.1 Introduction à la plateforme Facebook Ads Manager

Le monde du marketing digital a évolué à une vitesse fulgurante, et au cœur de cette révolution se trouve Facebook Ads Manager, l'outil par excellence pour créer, gérer et optimiser les campagnes publicitaires sur Facebook. Comprendre cette plateforme est essentiel pour tout media buyer aspirant à maximiser le potentiel des stratégies publicitaires sur l'un des réseaux les plus vastes et les plus diversifiés.

Qu'est-ce que Facebook Ads Manager ?

Facebook Ads Manager est une interface utilisateur intégrée pour la création et la gestion de vos campagnes publicitaires sur Facebook. Grâce à cet outil, les annonceurs peuvent cibler des segments d'audience spécifiques, gérer plusieurs ensembles de publicités, ajuster les budgets, et suivre les performances et les analytics en temps réel.

Naviguer dans Ads Manager

Lorsque vous accédez à Facebook Ads Manager pour la première fois, vous êtes accueilli par un tableau de bord. Ce tableau de bord est le centre névralgique de toutes vos activités publicitaires, affichant des données cruciales telles que les performances actuelles, les dépenses quotidiennes, et un résumé des statistiques clés.

1. Menu principal : Sur le côté gauche se trouve le menu de navigation, vous donnant accès rapide aux différentes sections : Campagnes, Ensembles de publicités, Publicités, Audiences, Bibliothèque d'images, et plus encore. Chaque section est dédiée à un aspect spécifique de vos efforts publicitaires.

2. Barre d'outils : Au centre, la barre d'outils vous permet de créer de nouvelles campagnes, ensembles de publicités, ou publicités. Vous pouvez également utiliser cette barre pour accéder aux outils de mesure et de reporting.

3. Vue d'ensemble des campagnes : En dessous, vous trouverez une liste de vos campagnes avec des informations résumées. Vous pouvez cliquer sur n'importe quelle campagne pour voir plus de détails, y compris les ensembles de publicités et les publicités individuelles qu'elle contient.

Création d'une campagne

Le processus de création d'une campagne est l'essence même de votre parcours publicitaire. Voici comment vous pouvez démarrer :

1. Objectif de la campagne : Tout commence par choisir l'objectif de votre campagne. Facebook offre une gamme d'objectifs pour aligner votre campagne sur vos buts commerciaux, tels que la notoriété de la marque, la génération de leads, ou les conversions.

2. Nommer votre campagne : Après avoir sélectionné un objectif, donnez un nom à votre campagne. Une pratique exemplaire consiste à utiliser un nom qui reflète clairement l'objectif et vous permet de retrouver facilement la campagne plus tard.

3. Configurer l'audience : C'est là que le pouvoir de Facebook brille vraiment. Vous pouvez définir une audience personnalisée basée sur une multitude de critères : démographiques, intérêts, comportements, connexions, ou même une audience similaire basée sur vos données existantes.

4. Placement des publicités : Choisissez où vos publicités seront vues. Les options incluent le fil d'actualité Facebook, Instagram, Audience Network, et plus encore. Vous pouvez opter pour des placements automatiques ou personnaliser vos choix.

5. Budget et calendrier : Définissez combien vous souhaitez dépenser et sur quelle période. Vous pouvez choisir un budget quotidien ou un budget total pour toute la durée de la campagne. Vous définirez également le calendrier, y compris la date de début et de fin.

6. Création de l'ensemble de publicités et des publicités : Après la configuration au niveau de la campagne, vous créerez des ensembles de publicités et enfin les publicités elles-mêmes. Cela inclut la rédaction de textes, le téléchargement d'images ou de vidéos, et la finalisation de votre appel à l'action (CTA).

Analyse et Rapports

Une fois votre campagne lancée, l'importance de l'analyse et des rapports devient primordiale. Facebook Ads Manager fournit des données détaillées sur les performances de vos campagnes. Vous pouvez voir des métriques telles que le nombre d'impressions, le taux de clic (CTR), le coût par action (CPA), et le retour sur dépenses publicitaires (ROAS).

En utilisant l'onglet "Rapports", vous pouvez personnaliser les colonnes pour afficher uniquement les données qui vous intéressent, créer des rapports enregistrés pour un accès rapide à l'avenir, et même programmer des rapports périodiques pour être envoyés à votre e-mail.

Optimisation de la Campagne

Facebook Ads Manager n'est pas seulement un outil pour mettre en place des publicités, mais aussi pour les optimiser. Sur la base des données recueillies, vous pouvez apporter des modifications en temps réel à vos campagnes, ensembles de publicités, et publicités individuelles pour améliorer les performances.

Cela peut inclure l'ajustement des budgets, le changement des offres, la modification des audiences, ou le test A/B de différents éléments créatifs. L'optimisation est un processus continu qui nécessite une surveillance et une analyse régulières.

Conclusion

Maîtriser Facebook Ads Manager est essentiel pour tout professionnel du marketing digital souhaitant exploiter la puissance de la publicité sur Facebook. En comprenant comment naviguer sur la plateforme, créer et optimiser des campagnes, et interpréter les données analytiques, vous pouvez maximiser le ROI de vos efforts publicitaires et véritablement transformer la présence en ligne de votre marque ou de celle de vos clients.

2.2 Comprendre le pixel Facebook et son importance

Le pixel Facebook est un outil crucial dans le monde du marketing digital, spécifiquement pour les campagnes publicitaires sur Facebook. Comprendre son fonctionnement et son importance peut transformer la manière dont vous suivez, optimisez et analysez vos efforts de marketing.

Qu'est-ce que le pixel Facebook ?

Le pixel Facebook est un petit morceau de code que vous intégrez dans le code source de votre site web. Il permet de suivre les activités des visiteurs sur votre site web et de capturer des données précieuses pour vos campagnes publicitaires. Cette fonction de suivi est ce qui rend le pixel si précieux pour votre stratégie publicitaire sur Facebook.

Fonctionnement du pixel Facebook

Une fois que vous avez intégré le pixel sur votre site web, il se déclenche chaque fois qu'un utilisateur effectue une action sur votre site. Il suit ces "événements", qui peuvent être n'importe quoi, depuis la navigation sur une page spécifique, l'ajout d'un article au panier, jusqu'à l'achat d'un produit. Le pixel envoie ces informations à Facebook, où elles sont traitées et stockées dans votre compte publicitaire.

Importance du pixel Facebook

1. Conversion Tracking : Le pixel vous permet de suivre les conversions directement depuis Facebook. Vous pouvez voir quelles actions les utilisateurs prennent en réponse à vos publicités Facebook. Cela signifie que vous pouvez voir si les utilisateurs achètent vos produits, s'inscrivent à votre newsletter, ou prennent toute autre action clé que vous avez définie.

2. Optimisation des publicités : Avec les données recueillies par le pixel, Facebook peut aider à optimiser vos publicités pour des actions spécifiques. Cela signifie que Facebook ajustera automatiquement vos publicités pour qu'elles soient vues par les personnes les plus susceptibles d'effectuer l'action que vous souhaitez.

3. Remarketing : Le pixel Facebook vous permet de faire du remarketing auprès des utilisateurs qui ont déjà visité votre site web. Vous pouvez créer des ensembles de publicités spécifiques pour cibler des personnes qui ont visité certaines pages ou qui ont pris certaines mesures. C'est une façon puissante de capter l'intérêt des utilisateurs qui ont déjà montré une certaine affinité avec votre marque ou produit.

4. Audiences Lookalike : Grâce aux données recueillies, vous pouvez utiliser le pixel pour créer des "audiences lookalike" (audiences similaires). Ces ensembles sont construits par Facebook pour cibler des utilisateurs qui ressemblent à ceux qui ont interagi avec votre site web. Cela élargit votre portée potentielle à des personnes susceptibles d'être intéressées par votre entreprise.

5. Analyse et insights : Les données fournies par le pixel vous donnent des insights précieux. Vous pouvez voir le parcours exact que les utilisateurs prennent, comprendre à quel point vos pages de destination sont efficaces, et même voir quel type de publicité fonctionne le mieux pour différents segments de marché.

Mise en place du pixel Facebook

La mise en place du pixel doit être effectuée avec soin pour s'assurer qu'il capture correctement les données. Voici les étapes de base :

1. Création du pixel : Dans Facebook Ads Manager, vous aurez l'option de créer un nouveau pixel. On vous donnera un morceau de code à intégrer dans le code de votre site web.

2. Intégration sur le site web : Le code doit être placé dans la section "head" de votre site web. Cela nécessite un accès au backend de votre site.

Si vous n'êtes pas sûr de la procédure, un développeur web ou votre équipe technique peut le faire facilement.

3. Configuration des événements : Vous devrez configurer les événements spécifiques que vous souhaitez suivre. Facebook propose des événements standards, mais vous pouvez également créer des événements personnalisés adaptés à vos objectifs commerciaux.

4. Test du pixel : Après l'installation, il est crucial de tester le pixel pour s'assurer qu'il fonctionne correctement. Des outils comme le "Facebook Pixel Helper" peuvent vous aider à identifier si le pixel est actif et à repérer d'éventuels problèmes.

Meilleures pratiques

- Respect de la vie privée : Avec les préoccupations croissantes concernant la vie privée en ligne, assurez-vous que votre utilisation du pixel Facebook est conforme aux lois sur la protection des données. Informez les visiteurs de votre site de l'utilisation de technologies de suivi et de la manière dont leurs informations sont utilisées.

- Suivi des conversions pertinentes : Choisissez des événements qui sont directement liés à vos objectifs commerciaux. Le suivi de toutes les actions sur votre site n'est pas pratique ni utile. Concentrez-vous sur les conversions qui signifient le plus pour votre entreprise.

- Analyse régulière : Les données recueillies par votre pixel sont incroyablement précieuses. Prenez le temps d'analyser ces informations régulièrement pour comprendre vos performances publicitaires et ajuster vos stratégies en conséquence.

En conclusion, le pixel Facebook est un outil puissant dans votre arsenal de marketing digital. Il offre un suivi des conversions, des capacités de remarketing, et des insights précieux qui peuvent radicalement améliorer l'efficacité de vos campagnes publicitaires sur Facebook. En maîtrisant le pixel, vous vous positionnez pour mieux comprendre votre audience, mesurer avec précision le retour sur investissement de vos publicités, et finalement, conduire votre entreprise vers un plus grand succès.

2.3 Les différents types de campagnes publicitaires

Lorsque vous plongez dans l'univers de Facebook Ads, l'une des premières étapes consiste à comprendre les différents types de campagnes publicitaires disponibles. Chaque type de campagne a un objectif spécifique et peut être utilisé pour atteindre différents KPIs (Key

Performance Indicators) en fonction de vos objectifs marketing globaux. Voici un guide détaillé des types de campagnes que vous pouvez exploiter sur Facebook.

1. Campagnes de notoriété de la marque :
Ces campagnes sont conçues pour atteindre les personnes susceptibles de s'intéresser à votre message ou à votre marque. Elles sont essentielles pour construire l'image de votre marque et augmenter la notoriété auprès d'un public ciblé. Facebook utilise une combinaison de portée et d'attention (mesurée en termes de temps passé à visualiser votre annonce) pour optimiser les résultats.

2. Campagnes de portée :
L'objectif ici est de montrer votre annonce au plus grand nombre de personnes possible dans votre audience cible, sans nécessairement chercher à provoquer une action immédiate. C'est idéal pour les entreprises qui cherchent à augmenter leur visibilité ou à promouvoir un message spécifique.

3. Campagnes de trafic :
Si vous souhaitez diriger du trafic vers votre site web, une application, ou même une conversation Messenger, les campagnes de trafic sont le choix optimal. Vous payez généralement par clic (CPC), et Facebook optimise la diffusion de vos annonces pour atteindre les personnes les plus susceptibles de cliquer sur votre lien.

4. Campagnes d'engagement :

Ces campagnes visent à encourager l'engagement direct avec votre contenu. Cela inclut les likes, les commentaires, les partages, les réponses aux événements, et les revendications d'offres. Si vous cherchez à développer une communauté active ou à stimuler l'interaction avec votre audience, c'est le type de campagne à utiliser.

5. Campagnes de conversion :
L'objectif des campagnes de conversion est d'inciter les gens à prendre des mesures spécifiques sur votre site web ou application, comme s'inscrire à une newsletter, télécharger un e-book, ou effectuer un achat. Facebook suit ces conversions grâce au pixel Facebook ou à des événements d'application que vous installez, permettant ainsi une optimisation précise et un suivi des ROI.

6. Campagnes de ventes catalogue :
Si vous avez un grand inventaire de produits, les campagnes de ventes catalogue vous permettent de télécharger l'ensemble de votre catalogue et de cibler vos annonces de manière dynamique pour montrer les bons produits aux bonnes personnes, basé sur leur comportement en ligne, leurs intérêts, et leurs activités antérieures.

7. Campagnes de génération de prospects :
Ces campagnes sont conçues pour recueillir des informations sur les personnes intéressées par votre entreprise. Vous pouvez recueillir des détails tels que les noms, les e-mails, et les numéros de

téléphone, utiles pour les campagnes de marketing par e-mail ou les efforts de prospection directe.

8. Campagnes de visites en magasin :

Si vous avez des emplacements physiques et que vous souhaitez encourager les gens à visiter votre magasin, ce type de campagne est idéal. En utilisant des signaux de localisation, Facebook aide à promouvoir votre entreprise auprès des personnes qui se trouvent à proximité de votre emplacement.

9. Campagnes de vidéo :

Ces campagnes sont axées sur la présentation de vidéos de marque. Elles sont excellentes pour raconter une histoire, démontrer un produit en action, ou simplement engager votre audience avec du contenu visuel intéressant. Facebook optimise ces campagnes pour une visualisation maximale de votre vidéo.

10. Campagnes de messages :

Si votre objectif est d'encourager les gens à communiquer avec votre entreprise via Messenger, WhatsApp, ou Instagram Direct, les campagnes de messages sont la solution. Elles peuvent aider à répondre aux questions, à stimuler les ventes et à rester en contact avec les clients.

Chaque type de campagne publicitaire sur Facebook a ses propres subtilités et meilleures pratiques. Le choix du bon type dépend de vos objectifs finaux, qu'il s'agisse de construire une notoriété de la marque, de stimuler l'engagement, de générer des leads de haute qualité, ou de conduire des conversions directes. En comprenant les fondamentaux de ces campagnes, vous pouvez élaborer des stratégies plus efficaces et utiliser votre budget de manière plus judicieuse, en vous assurant que chaque dollar dépensé contribue à atteindre vos objectifs commerciaux.

En résumé, maîtriser les différents types de campagnes publicitaires sur Facebook est crucial pour tout media buyer. Cela vous permet non seulement de diversifier vos stratégies publicitaires mais aussi d'optimiser vos dépenses publicitaires en fonction des objectifs spécifiques de votre entreprise ou de vos clients.

2.4 Structure d'une campagne : Campagne, ensemble de publicités, publicité.

Comprendre la structure d'une campagne publicitaire sur Facebook est crucial pour optimiser vos efforts et votre budget. Cette structure est divisée en trois niveaux hiérarchiques : la campagne, l'ensemble de publicités et la publicité elle-même. Chaque niveau a ses propres paramètres et options de personnalisation, et comprendre leur fonctionnement et leur interaction est la clé pour créer des publicités efficaces et atteindre vos objectifs marketing.

1. Campagne

Au niveau le plus élevé, nous avons la campagne. C'est à ce stade que vous définissez votre objectif marketing principal. Facebook offre une variété d'objectifs pour correspondre à vos besoins spécifiques, tels que la notoriété de la marque, la génération de leads, les conversions, le trafic, les ventes en ligne, et plus encore. Choisir le bon objectif est crucial car il oriente Facebook sur les personnes à cibler et sur la manière d'optimiser vos publicités.

Par exemple, si vous choisissez "conversions" comme objectif, Facebook optimisera la diffusion de vos publicités pour atteindre les personnes les plus susceptibles de prendre des mesures spécifiques, comme effectuer un achat sur votre site web. Il est important de noter que chaque campagne ne peut avoir qu'un seul objectif, et tout dans cette campagne sera optimisé en fonction de cet objectif.

2. Ensemble de publicités

Le deuxième niveau est l'ensemble de publicités. C'est ici que vous prenez des décisions cruciales concernant votre ciblage, votre budget, votre calendrier, et vos enchères. Chaque ensemble de publicités peut contenir plusieurs publicités, mais elles partageront toutes les mêmes paramètres définis à ce niveau. Cela permet de tester différentes approches avec des publicités variées tout en maintenant un ciblage cohérent.

- Ciblage : Vous définissez votre audience ici. Facebook offre des options de ciblage détaillées, y compris l'âge, le sexe, la localisation, les intérêts, les comportements, et plus encore. Vous pouvez également utiliser des audiences personnalisées (basées sur vos données existantes) ou des audiences similaires (créées par Facebook pour cibler des utilisateurs similaires à votre audience actuelle).

- Budget et calendrier : Vous devez définir un budget pour votre ensemble de publicités, qui peut être quotidien ou pour la durée de la campagne. Vous décidez également du calendrier, en choisissant quand commencer et finir la diffusion de vos publicités.

- Enchères : Facebook fonctionne sur un système d'enchères, où vous devez enchérir contre d'autres annonceurs qui ciblent une audience similaire. Vous pouvez choisir une enchère manuelle (vous définissez le montant maximum) ou automatique (Facebook définit le montant pour vous).

3. Publicité

Le niveau le plus bas de la structure est la publicité elle-même. C'est là que vous décidez du contenu créatif de vos publicités, y compris les images, vidéos, texte, liens, et call-to-action (CTA).

- Contenu créatif : C'est le cœur de votre publicité. Une image accrocheuse ou une vidéo peut attirer l'attention, tandis qu'un bon texte peut susciter l'intérêt et l'action. Il est essentiel que votre contenu créatif soit en ligne avec votre message de marque et l'objectif de la campagne.

- Test A/B : À ce niveau, vous pouvez également effectuer des tests A/B avec différentes versions de publicités pour voir laquelle fonctionne le mieux. Vous pourriez tester différents visuels, titres, ou même CTA pour déterminer quelle version donne le meilleur retour sur investissement.

- Suivi et optimisation : Une fois que vos publicités sont en cours d'exécution, vous pouvez utiliser les outils d'analyse de Facebook pour suivre leurs performances. Surveillez des métriques clés comme le coût par action (CPA), le taux de clics (CTR), et le retour sur dépenses publicitaires (ROAS). En fonction de ces données, vous pouvez apporter des modifications à vos publicités pour améliorer leurs performances.

En résumé, la structure d'une campagne Facebook est conçue pour vous permettre de contrôler en détail et d'optimiser vos efforts de publicité. En commençant par un objectif clair au niveau de la campagne, en passant par un ciblage précis et une gestion budgétaire au niveau de l'ensemble de publicités, et en finissant par un contenu créatif et des tests au niveau de la publicité, vous pouvez tirer le meilleur parti de votre budget publicitaire.

Chaque niveau joue un rôle crucial dans l'atteinte de vos objectifs globaux, et une compréhension approfondie de ces trois niveaux vous positionnera pour le succès dans vos initiatives de marketing digital.

Module 3 : Ciblage et Audience

Le ciblage et la compréhension des audiences sur Facebook sont cruciaux pour toute campagne publicitaire réussie. Cette plateforme offre une richesse de données et d'outils, permettant aux annonceurs de toucher un public spécifique de manière précise. Dans ce module, nous allons explorer en profondeur comment Facebook gère les audiences et comment vous pouvez utiliser ces informations pour optimiser vos campagnes publicitaires.

3.1 Comprendre les audiences sur Facebook

Facebook, avec ses milliards d'utilisateurs actifs, est une mine d'or d'informations démographiques, comportementales, et psychographiques. Chaque utilisateur laisse une empreinte numérique, que Facebook utilise pour permettre aux annonceurs de cibler des segments d'audience très spécifiques. Comprendre les différents types d'audiences et comment les utiliser efficacement est la première étape pour lancer des campagnes réussies.

Types d'audiences sur Facebook

1. Audiences principales (Core Audiences) : Ces audiences sont construites en sélectionnant manuellement les critères de ciblage dans Facebook Ads Manager. Vous pouvez affiner votre audience en fonction de critères tels que l'âge, le sexe, la localisation, les intérêts, les comportements, la situation amoureuse, le niveau d'éducation, etc. Cette méthode de ciblage est extrêmement puissante car elle vous permet de créer une audience qui correspond précisément à votre client idéal.

2. Audiences personnalisées (Custom Audiences) : Elles vous permettent de cibler ou de re-cibler des individus qui ont déjà interagi avec votre entreprise. Cela peut inclure des personnes qui ont visité votre site web, utilisé votre application, ou même ceux qui se sont engagés avec votre contenu sur Facebook ou hors ligne. Par exemple, vous pouvez télécharger une liste de courriels de vos clients, et Facebook va cibler ces individus s'ils ont un compte Facebook associé à ces courriels.

3. Audiences similaires (Lookalike Audiences) : Facebook utilise ses algorithmes pour vous aider à atteindre les personnes qui ressemblent à votre audience actuelle, ce qui est idéal pour l'expansion de votre portée. Vous fournissez à Facebook une audience source (comme votre audience personnalisée existante), et l'algorithme trouve des utilisateurs avec des caractéristiques et des comportements similaires sur la plateforme.

Stratégies de ciblage efficaces

- Ciblage démographique et géographique : Commencez par les bases. Si votre produit est destiné aux femmes entre 20 et 30 ans dans une certaine ville, ne gaspillez pas votre budget en ciblant tout le monde. Utilisez les options de ciblage démographique et géographique pour affiner votre audience.

- Intérêts et comportements : Ici, vous pouvez devenir très spécifique. Si vous vendez des équipements de yoga, ciblez les personnes qui ont montré un intérêt pour le yoga, la méditation, et peut-être même des marques concurrentes. Le ciblage basé sur le comportement peut inclure des activités telles que les achats en ligne, les types d'appareils utilisés, et les voyages.

- Re-ciblage : Ne négligez pas les personnes qui ont déjà interagi avec votre marque. Utilisez des audiences personnalisées pour cibler ceux qui ont visité votre site web sans effectuer d'achat, ou qui ont ajouté des produits à leur panier sans compléter la transaction. Vous pouvez créer des publicités spécifiques qui les encouragent à revenir.

- Expansion de l'audience : Une fois que vous avez trouvé une audience qui convertit bien, utilisez les audiences similaires pour atteindre de nouvelles personnes susceptibles d'être intéressées par vos produits ou services. C'est un moyen efficace d'augmenter la portée de votre campagne sans augmenter de manière significative votre coût par acquisition.

Mesures et optimisation

Comprendre votre audience c'est bien, mais savoir comment elle réagit à vos campagnes est crucial. Utilisez les outils d'analyse de Facebook pour surveiller les performances de vos publicités. Faites attention aux indicateurs clés tels que le coût par clic (CPC), le taux de conversion, le retour sur dépenses publicitaires (ROAS), entre autres. Si une audience ne réagit pas bien, essayez d'affiner votre ciblage ou votre message publicitaire.

Tests A/B

Enfin, le test A/B est votre meilleur ami en matière de ciblage publicitaire. Testez différentes audiences pour la même publicité ou différentes publicités pour la même audience. Cela vous aidera à comprendre quels segments de votre audience sont les plus réceptifs et quels messages sont les plus efficaces.

En résumé, la clé du succès dans le ciblage des audiences sur Facebook réside dans la compréhension des nombreux outils et données à votre disposition, et dans l'utilisation stratégique de ces informations pour atteindre vos clients idéaux. Cela nécessite une expérimentation continue et une volonté d'ajuster vos stratégies en fonction des performances de vos campagnes.

3.2 Création d'audiences personnalisées

Le ciblage est l'un des aspects les plus critiques de toute campagne publicitaire, particulièrement sur des plateformes comme Facebook, qui abritent une diversité d'utilisateurs aux intérêts et comportements variés. Au cœur de cette stratégie de ciblage se trouve la capacité de créer des audiences personnalisées. Dans ce module, nous allons explorer en profondeur la création d'audiences personnalisées sur Facebook, un outil puissant qui vous permet de communiquer avec des segments d'audience hautement spécifiques et pertinents pour votre marque ou entreprise.

Qu'est-ce qu'une audience personnalisée ?

Une audience personnalisée sur Facebook est essentiellement un groupe de personnes qui peuvent être ciblées avec des publicités en fonction de critères spécifiques. Ces critères peuvent inclure des comportements passés, des interactions avec votre entreprise, ou des données que vous avez collectées en dehors de Facebook.

Les audiences personnalisées vous permettent de dépasser les options de ciblage standard de Facebook en utilisant des données plus personnelles ou spécifiques pour atteindre des personnes particulièrement alignées avec votre message.

Pourquoi les audiences personnalisées sont-elles importantes ?

1. Pertinence accrue : En ciblant des segments spécifiques de votre audience, vos messages deviennent plus pertinents et personnels, augmentant ainsi l'engagement et l'efficacité de vos campagnes.

2. Meilleur ROI : Les audiences personnalisées tendent à améliorer le retour sur investissement publicitaire (ROI) car elles réduisent les dépenses inutiles sur des audiences non pertinentes.

3. Récupération des opportunités : Vous pouvez utiliser des audiences personnalisées pour vous reconnecter avec des individus qui ont déjà interagi avec votre entreprise, maximisant ainsi les chances de conversions futures.

Comment créer des audiences personnalisées

1. Utiliser des sources de données client :
   - Listes de clients : Vous pouvez télécharger directement des listes de contacts (comme des adresses e-mail ou des numéros de téléphone) sur Facebook. Ces informations seront hashées pour la protection de la vie privée et ensuite utilisées

pour faire correspondre les utilisateurs sur la plateforme.

- **Conseil :** Assurez-vous que ces listes sont à jour et ont été acquises légalement, en respectant les lois sur la protection des données.

2. Exploiter les interactions sur les plateformes :

- **Trafic du site web :** En utilisant le pixel Facebook, vous pouvez créer des audiences basées sur les interactions des utilisateurs avec votre site web. Cela peut inclure des visites sur des pages spécifiques, des achats effectués, ou d'autres actions significatives.

- **Engagement sur Facebook et Instagram :** Facebook permet également de cibler les utilisateurs qui ont interagi avec votre contenu, que ce soit en aimant vos publications, en commentant, en s'inscrivant à des événements, ou en visionnant vos vidéos.

3. Développer des audiences personnalisées avec des données tierces :

- **Activité hors ligne :** Si vous avez un magasin physique ou organisez des événements hors ligne, vous pouvez utiliser les données collectées lors de ces interactions pour élargir votre audience personnalisée.

- **Partenaires :** Les données provenant de partenaires tiers peuvent également être utilisées pour affiner votre ciblage, à condition qu'elles soient conformes aux réglementations en vigueur.

Bonnes pratiques pour la création d'audiences personnalisées

- **Segmentez vos audiences** : Ne vous contentez pas d'une seule audience personnalisée. Segmentez vos listes en différentes audiences basées sur des critères spécifiques (comme les comportements d'achat ou les préférences) pour personnaliser davantage vos messages.
- **Respectez la vie privée** : Toutes les données utilisées doivent être conformes aux lois sur la protection des données. Ne jamais utiliser d'informations obtenues de manière non éthique.
- **Testez et optimisez** : Comme pour toute stratégie publicitaire, l'expérimentation est clé. Testez différentes audiences personnalisées pour voir lesquelles performent le mieux et ajustez vos stratégies en conséquence.
- **Mettez à jour vos listes régulièrement** : Les comportements et les informations des clients changent. Assurez-vous que vos audiences personnalisées sont régulièrement mises à jour pour refléter ces changements.

Conclusion

Les audiences personnalisées sur Facebook sont un outil extrêmement puissant dans l'arsenal d'un media buyer. Elles permettent une personnalisation profonde de vos campagnes publicitaires, assurant que vos messages atteignent les personnes les plus susceptibles de s'engager avec votre marque. En comprenant comment collecter, segmenter et utiliser efficacement les données, vous pouvez créer des campagnes plus pertinentes, engageantes et rentables. Comme toujours, le respect de la vie privée et des données doit être une priorité absolue dans ce processus, assurant que vos méthodes restent éthiques et conformes aux réglementations en vigueur.

3.3 Audiences similaires : comment et pourquoi les utiliser

L'une des fonctionnalités les plus puissantes de Facebook Ads est la capacité de créer des "Audiences Similaires" (Lookalike Audiences en anglais), permettant aux annonceurs d'élargir leur portée en ciblant des utilisateurs ayant des caractéristiques et comportements similaires à ceux de leur audience existante. Cette approche s'appuie sur des algorithmes d'intelligence artificielle et de machine learning pour analyser des données et identifier des schémas comportementaux, démographiques, et d'intérêt.

Comment utiliser les audiences similaires

1. Définir votre audience source : Tout commence par le choix de votre audience source.

Il s'agit généralement d'une liste de clients, d'une audience personnalisée basée sur les interactions avec votre site web, votre application ou vos publicités Facebook. Cette audience doit être représentative des clients que vous souhaitez cibler, car elle servira de modèle pour trouver des utilisateurs similaires.

2. Créer une audience similaire : Dans votre gestionnaire de publicités, sélectionnez l'option "Audiences" puis "Créer une audience" et choisissez "Audience similaire". Vous devrez ensuite sélectionner une source (audience existante, page Facebook, etc.), choisir le ou les pays cibles, et définir la taille de votre audience similaire. La taille de l'audience, exprimée en pourcentage, détermine la correspondance avec votre audience source : une petite taille (ex. 1%) signifie une correspondance plus précise mais une audience plus réduite, tandis qu'une taille plus grande élargit la portée mais peut réduire la précision de la similarité.

3. Configurer et lancer votre campagne : Une fois votre audience similaire créée, vous pouvez l'utiliser dans vos ensembles de publicités comme n'importe quelle autre audience. Configurez vos publicités, définissez votre budget et votre calendrier, puis lancez votre campagne.

Pourquoi utiliser les audiences similaires

1. Expansion efficace de l'audience : Les audiences similaires sont un moyen fantastique d'atteindre des personnes que vous n'auriez peut-être pas trouvées par vous-même. Elles vous permettent de vous appuyer sur les données existantes pour cibler des utilisateurs ayant un fort potentiel d'intérêt pour vos produits ou services, élargissant ainsi votre base de clients potentiels.

2. Amélioration du ROI : En ciblant des utilisateurs similaires à ceux qui ont déjà interagi avec votre marque ou effectué des achats, vous augmentez la probabilité de conversion. Cela signifie que votre budget publicitaire est dépensé de manière plus efficace, souvent en résultant un meilleur retour sur investissement.

3. Personnalisation à grande échelle : Les audiences similaires vous permettent de personnaliser votre approche publicitaire sans avoir à segmenter manuellement votre audience. Vous pouvez créer des messages marketing spécifiques qui résonnent avec cette nouvelle audience, en vous basant sur ce que vous savez déjà sur vos clients existants.

4. Optimisation continue : Les audiences similaires peuvent être utilisées pour des tests A/B en créant plusieurs audiences avec différentes tailles ou sources. Cela vous aide à comprendre quelle approche fonctionne le mieux avec votre marché cible et à affiner vos futures campagnes publicitaires.

Meilleures pratiques pour les audiences similaires

- Qualité de l'audience source : Assurez-vous que votre audience source est de haute qualité. Par exemple, utilisez les données des clients qui ont effectué des achats répétés ou qui ont eu un fort engagement avec votre marque. Plus votre audience source est pertinente, plus l'audience similaire sera performante.

- Diversifiez vos sources : N'hésitez pas à tester différentes audiences sources pour créer des audiences similaires. Vous pouvez découvrir que différentes sources conduisent à de meilleures performances pour différents produits ou objectifs de campagne.

- Surveillez et ajustez : Comme pour toutes les campagnes publicitaires, il est crucial de surveiller les performances et d'apporter des ajustements en conséquence. Si une audience similaire ne fonctionne pas comme prévu, essayez d'ajuster sa taille ou envisagez d'utiliser une source différente.

- Respect de la vie privée : Avec les préoccupations croissantes concernant la protection des données, assurez-vous de respecter toutes les réglementations en vigueur. Informez les utilisateurs de la manière dont leurs données sont utilisées et assurez-vous d'avoir les autorisations nécessaires.

En conclusion, les audiences similaires sont un outil puissant dans l'arsenal du media buyer. Elles permettent une expansion stratégique de l'audience, conduisant souvent à une acquisition de clients plus efficace et rentable. En comprenant et en maîtrisant cette fonctionnalité, vous pouvez grandement améliorer l'efficacité de vos efforts publicitaires sur Facebook.

3.4 Techniques avancées de segmentation

Le ciblage et la segmentation de l'audience sont des éléments cruciaux dans la réussite des campagnes publicitaires sur Facebook. Alors que les bases du ciblage peuvent être rapidement comprises et appliquées, les techniques avancées de segmentation nécessitent une compréhension plus approfondie et stratégique des outils et des données disponibles. Ces méthodes sophistiquées permettent aux media buyers de créer des campagnes hautement personnalisées et efficaces.

1. Utilisation des données tierces pour l'affinement des audiences

L'une des techniques avancées implique l'utilisation de données tierces pour affiner votre segmentation. Au-delà des informations démographiques de base et des intérêts, vous pouvez intégrer des données externes provenant de partenariats ou d'achats de données. Par exemple, les données de comportement d'achat, les historiques de navigation web hors Facebook, ou les engagements sur d'autres plateformes publicitaires.

Ces données peuvent souvent être intégrées via des plateformes de gestion de données (DMPs) qui permettent de combiner des sources de données multiples pour créer des profils d'audience très spécifiques et détaillés. En utilisant ces informations, vous pouvez créer des segments d'audience qui ne sont pas seulement basés sur ce que les gens font sur Facebook, mais aussi sur leur comportement en dehors de Facebook.

2. Segmentation basée sur l'engagement

Une autre technique avancée est la segmentation basée sur l'engagement. Facebook permet de cibler les utilisateurs qui ont interagi de manière spécifique avec votre contenu, votre page, ou une de vos précédentes publicités. Par exemple, vous pouvez segmenter les utilisateurs qui ont regardé plus de 50% de l'une de vos vidéos, qui ont interagi avec un événement passé, ou qui ont récemment visité votre page.

Cette méthode de segmentation est particulièrement puissante car elle vous permet de cibler des personnes déjà engagées avec votre marque, et donc plus susceptibles de convertir. Vous pouvez personnaliser davantage vos publicités pour répondre à leur niveau d'engagement et d'intérêt.

3. Lookalike Audiences basées sur des conversions spécifiques

Les audiences Lookalike (ou similaires) sont un outil puissant dans Facebook Ads, permettant aux annonceurs de cibler des utilisateurs ayant des profils similaires à leurs clients existants. Cependant, une technique avancée consiste à créer des Lookalike Audiences basées sur des conversions spécifiques plutôt que sur l'ensemble de votre base de clients.

Par exemple, si vous avez un segment de clients qui ont acheté un produit haut de gamme, vous pouvez utiliser ces informations pour créer une Lookalike Audience de personnes qui partagent des caractéristiques similaires avec ce groupe très précis. Cette stratégie peut vous aider à cibler des utilisateurs susceptibles d'être intéressés par des offres ou des produits spécifiques, augmentant ainsi la pertinence de vos publicités et la probabilité de conversion.

4. Ciblage croisé et superposition d'audiences

Le ciblage croisé et la superposition d'audiences consistent à utiliser plusieurs critères de ciblage pour affiner votre audience. Par exemple, vous pouvez cibler des utilisateurs intéressés par le fitness et le bien-être, mais aussi segmenter davantage en ne ciblant que ceux qui ont également exprimé un intérêt pour les événements de course ou les marathons.

Vous pouvez aller encore plus loin en ajoutant une couche de ciblage géographique, démographique, ou comportemental. Cette technique permet de s'assurer que vos publicités sont uniquement diffusées à des personnes extrêmement pertinentes, augmentant ainsi l'efficacité de chaque euro dépensé.

5. Exclusion d'audiences pour une segmentation plus précise

L'exclusion est une technique souvent sous-estimée. Elle permet d'éviter de montrer vos publicités à certaines audiences, ce qui peut être tout aussi important que de choisir à qui les montrer. Par exemple, exclure les clients existants de certaines campagnes promotionnelles ou les utilisateurs qui ont déjà effectué un achat récent.

Cela peut être particulièrement utile pour des campagnes visant l'acquisition de nouveaux clients ou pour éviter de fatiguer votre audience avec des publicités répétitives. Cela permet également d'économiser du budget en évitant de dépenser inutilement sur des utilisateurs qui ne sont pas dans votre segment cible.

6. Test et optimisation continus

Enfin, une technique avancée cruciale est le test continu de vos segments d'audience. A/B testing, ou testing fractionné, vous permet de comparer les performances de différents segments d'audience pour la même publicité. En testant différents critères de ciblage, vous pouvez continuellement affiner et optimiser vos segments pour améliorer les performances de la campagne.

Cela implique également une analyse approfondie des données de campagne. Examiner quels segments ont les meilleurs taux de clics, les coûts par acquisition, et d'autres métriques clés, vous aidera à prendre des décisions éclairées sur la manière d'ajuster votre ciblage.

En maîtrisant ces techniques avancées de segmentation, les media buyers peuvent non seulement améliorer l'efficacité de leurs campagnes publicitaires, mais aussi offrir des expériences plus personnalisées et pertinentes aux utilisateurs de Facebook. Cela nécessite une approche proactive et stratégique, ainsi qu'une volonté d'expérimenter et d'optimiser en continu.

Module 4 : Création de Publicités Efficaces

4.1 Les éléments d'une publicité réussie

Dans le paysage numérique concurrentiel d'aujourd'hui, la création de publicités efficaces est cruciale. Une publicité réussie peut captiver l'audience, créer un engagement profond, et finalement, convertir un spectateur en client. Dans ce module, nous allons explorer les éléments essentiels d'une publicité réussie, en particulier dans le contexte de Facebook Ads, l'une des plateformes les plus dynamiques et à haut rendement pour les annonceurs.

1. Titre accrocheur :
Le titre est souvent la première chose que les gens voient lorsqu'ils rencontrent votre publicité. Il doit être suffisamment accrocheur pour attirer l'attention dans un flux d'activité chargé et inciter les gens à vouloir en savoir plus. Les meilleurs titres sont ceux qui parlent directement aux points sensibles ou aux désirs des clients, offrant une solution ou promettant un avantage souhaitable. Ils

sont courts (pas plus de 5-7 mots), clairs, et utilisent un langage qui évoque l'excitation, l'urgence ou la curiosité.

2. Visuels attrayants :

Nous sommes des créatures visuellement orientées, et souvent, c'est l'image ou la vidéo qui va nous faire nous arrêter lors du défilement. Les visuels doivent être de haute qualité, pertinents pour votre message, et assez captivants pour attirer l'attention. Ils doivent compléter le titre et le texte de votre publicité, en aidant à raconter l'histoire que vous voulez présenter. Les vidéos ou les images qui montrent le produit en action, démontrent comment un service fonctionne, ou présentent des témoignages peuvent être particulièrement efficaces.

3. Texte de l'annonce (copywriting) :

Le texte de votre annonce doit compléter votre visuel et votre titre, en fournissant un peu plus de contexte et en incitant votre audience à agir. Un bon texte d'annonce est généralement concis, direct et axé sur les avantages pour le consommateur. Il est essentiel de comprendre la psychologie de votre client idéal : qu'est-ce qui les motive ? Quels problèmes cherchent-ils à résoudre ? Utilisez cela pour informer votre approche de copywriting, en vous assurant de répondre à ces désirs ou préoccupations.

4. Un appel à l'action clair (Call-To-Action, CTA) :

Chaque publicité doit avoir un objectif, que ce soit pour augmenter les visites sur le site web, encourager les inscriptions par e-mail, promouvoir un nouvel article, ou autre. Votre CTA doit être clair et direct, en indiquant aux spectateurs exactement ce qu'ils doivent faire ensuite. Les boutons comme "Acheter maintenant", "S'inscrire", "En savoir plus", ou "Réserver maintenant" sont non seulement informatifs mais créent aussi un sentiment d'urgence qui peut encourager les clics.

5. Cohérence avec la marque :
Tous les éléments de votre publicité, des visuels au ton de voix utilisé dans votre texte, doivent être cohérents avec votre image de marque. Cela aide à renforcer la reconnaissance de la marque et à établir la confiance avec votre audience. Les consommateurs sont plus susceptibles de répondre à une publicité lorsqu'ils reconnaissent la marque et ont une idée de ce à quoi s'attendre.

6. Pertinence pour l'audience cible :
Même la publicité la plus magnifiquement conçue échouera si elle n'est pas pertinente pour les personnes qui la voient. Votre publicité doit s'adresser aux intérêts, aux défis et aux désirs de votre public cible. Cela implique une compréhension approfondie de votre audience, obtenue par des recherches de marché, des sondages et des données analytiques de vos précédentes campagnes publicitaires.

7. Test et optimisation :

Rarement une publicité est parfaite dès le départ. Les annonceurs les plus réussis sont ceux qui adoptent une approche de test A/B, essayant différentes versions de leurs annonces pour voir lesquelles résonnent le plus avec leur audience. Cela peut impliquer de tester différents visuels, titres, textes d'annonce, ou CTA. En suivant les performances de chaque version, vous pouvez affiner vos annonces pour améliorer leur efficacité au fil du temps.

8. Respect des directives de la plateforme :

Enfin, pour qu'une publicité soit diffusée et réussisse, elle doit respecter les règles de la plateforme publicitaire. Sur Facebook, cela signifie respecter les directives de la communauté, les règles publicitaires et les meilleures pratiques. Le non-respect peut entraîner la désactivation de la publicité, un gaspillage de ressources, et potentiellement, une perception négative de la marque.

En résumé, une publicité réussie est le résultat d'une combinaison de différents éléments travaillant en harmonie. Elle attire l'attention, communique un message clair, incite à l'action, et est finalement convaincante pour le spectateur. En comprenant et en maîtrisant ces éléments, les media buyers peuvent créer des campagnes puissantes qui captivent l'audience, stimulent l'engagement et conduisent à des conversions.

4.2 Rédaction et conception visuelle

La création de publicités efficaces sur Facebook ne se limite pas à la mise en place d'un budget et au choix d'une audience. Le cœur de votre publicité réside dans sa capacité à communiquer efficacement votre message et à engager votre audience. Cela se fait à travers deux composants clés : la rédaction du texte et la conception visuelle.

Rédaction : L'Art de Communiquer avec des Mots

1. Comprendre l'audience :

Avant de rédiger le moindre mot, il est impératif de comprendre qui est votre audience. Quels sont leurs besoins ou leurs problèmes ? Quel langage utilisent-ils ? Quelles sont leurs motivations ? La réponse à ces questions vous aidera à créer un message qui résonne avec eux.

2. Titres accrocheurs :

Le titre est souvent la première chose que les gens lisent. Il doit être assez accrocheur pour capter l'attention et assez intéressant pour encourager la lecture du reste de la publicité. Utilisez des statistiques surprenantes, des questions qui éveillent la curiosité, ou des affirmations audacieuses.

3. Clarté et concision :

Votre message doit être direct et facile à comprendre. Évitez le jargon complexe et soyez aussi concis que possible. Un bon texte publicitaire donne à l'audience tout ce qu'elle doit savoir sans rien de superflu.

4. Appel à l'action (Call-To-Action, CTA) :

Chaque publicité doit avoir un objectif clair. Que voulez-vous que les gens fassent après avoir vu votre publicité ? Incluez un CTA clair et persuasif, comme "Achetez maintenant", "Inscrivez-vous gratuitement", ou "Demandez une démo".

5. Storytelling :

Les histoires créent une connexion émotionnelle. Si possible, incorporez du storytelling dans votre publicité. Cela pourrait être l'histoire de votre entreprise, un témoignage client, ou une histoire qui illustre pourquoi votre produit/service est nécessaire.

Conception Visuelle : Capturer l'Attention avec des Images

1. Respect de l'identité de marque :

Les visuels de votre publicité doivent être cohérents avec votre identité de marque, y compris les couleurs, les polices, et le style. Cela renforce la reconnaissance de la marque et la confiance chez les spectateurs.

2. Utilisation de visuels de haute qualité :

Les images ou vidéos floues ou de basse qualité peuvent nuire à la performance de votre publicité. Utilisez des visuels de haute qualité qui attirent l'attention et reflètent le professionnalisme de votre marque.

3. Équilibrer le texte avec les visuels :

Facebook a des directives sur la quantité de texte pouvant figurer sur les images publicitaires. Trop de texte peut entraîner une portée réduite. Assurez-vous que votre message est principalement visuel, avec un texte d'accompagnement concis.

4. Psychologie des couleurs :

Les couleurs ne sont pas seulement esthétiques ; elles suscitent aussi différentes émotions. Comprenez la psychologie des couleurs et utilisez des couleurs qui correspondent à l'émotion que vous souhaitez évoquer (par exemple, le bleu pour la confiance, le rouge pour l'excitation).

5. Direction du regard et points focaux :

Utilisez la composition de votre visuel pour diriger le regard du spectateur. Vous pouvez le faire avec des lignes directrices, en plaçant votre produit à côté d'une personne regardant ou pointant vers le produit, ou en utilisant la mise en page pour mettre en évidence le message clé.

6. Test A/B des éléments visuels :

Tout comme pour la rédaction, les éléments visuels doivent être testés. Essayez différentes images, mises en page, ou même CTA visuels pour voir ce qui résonne le plus avec votre audience.

Intégration de la Rédaction et de la Conception Visuelle

La clé d'une publicité efficace est l'harmonie entre le texte et les éléments visuels. Ils doivent se compléter et non se concurrencer. Assurez-vous que votre message est cohérent à travers les deux, et que votre CTA est clair dans chaque aspect. Par exemple, si votre image montre un nouveau produit, votre texte doit en parler et encourager les gens à cliquer pour en savoir plus.

Conclusion

La création de publicités efficaces est un art et une science. Elle nécessite une compréhension profonde de votre audience, une rédaction persuasive, et des visuels captivants. En maîtrisant ces éléments, vous pouvez créer des publicités Facebook qui non seulement captent l'attention, mais encouragent également l'action et la fidélité à la marque. Continuez à tester différentes approches, car le marché et les comportements des consommateurs évoluent constamment. Ce qui fonctionne aujourd'hui pourrait nécessiter une adaptation demain.

4.3 A/B Testing : Comment tester différentes versions

L'A/B testing, également connu sous le nom de split testing, est une méthode de marketing qui compare deux versions d'une campagne publicitaire pour déterminer quelle version performe le mieux en fonction de la réaction du public. Dans le contexte de Facebook Ads, cela signifie généralement tester des variations dans la conception, le ciblage, le contenu, les appels à l'action (CTA) et plus encore. L'objectif est d'identifier les publicités les plus efficaces et rentables.

Pourquoi l'A/B Testing est essentiel :

Avant de plonger dans la méthodologie, comprenons pourquoi l'A/B testing est crucial. Dans le monde dynamique de la publicité en ligne, les suppositions ne suffisent pas. Ce qui a fonctionné hier pourrait ne pas fonctionner aujourd'hui. L'A/B testing est un moyen de prendre des décisions éclairées et de conduire vos investissements publicitaires de manière plus stratégique. Il élimine les conjectures, réduit le risque et augmente le potentiel de retour sur investissement (ROI).

Étapes pour un A/B Testing efficace :

1. Définir un objectif clair :

Avant de commencer, vous devez savoir ce que vous essayez d'accomplir. Voulez-vous augmenter le nombre de clics, améliorer le taux de conversion, ou peut-être réduire le coût par acquisition ? Votre objectif influencera les éléments que vous choisirez de tester et comment vous mesurerez le succès.

2. Sélectionner une variable à tester :

Pour un test efficace, modifiez un élément à la fois pour savoir exactement ce qui a influencé les résultats. Cela peut être n'importe quoi, du texte de l'annonce (comme le titre ou la description), les images ou vidéos utilisées, les CTA (comme "Acheter maintenant" contre "En savoir plus"), ou même le public ciblé. Si vous modifiez plusieurs éléments à la fois, il devient difficile de déterminer quelle modification a entraîné une différence dans les performances.

3. Créer deux versions de votre annonce :

Version A sera votre annonce "contrôle", contre laquelle tout changement sera testé. Version B aura la variable modifiée. Assurez-vous que, mis à part cette différence, les annonces sont identiques en termes de budget, de ciblage, de calendrier, etc.

4. Utiliser un échantillon représentatif :

Assurez-vous que vos annonces sont diffusées à un échantillon de votre marché cible suffisamment grand pour donner des résultats significatifs. Un échantillon trop petit peut donner des résultats aléatoires, tandis qu'un échantillon trop grand peut être un gaspillage de ressources.

5. Déterminer la durée du test :

Vos tests doivent durer assez longtemps pour recueillir suffisamment de données pour une prise de décision éclairée, mais pas si longtemps que les conditions de marché changent. En général, une à deux semaines est un bon point de départ, bien que cela puisse varier en fonction de votre industrie, de la concurrence, et d'autres facteurs.

6. Analyser les résultats :

Après la période de test, examinez vos données. Facebook fournit une analyse détaillée qui peut vous aider à comprendre quelles annonces ont le mieux fonctionné en fonction de votre objectif. Regardez au-delà du simple clic - considérez le coût par conversion, la qualité du trafic apporté, le temps passé sur le site, et d'autres métriques pertinentes.

7. Appliquer les apprentissages :

Utilisez les informations recueillies pour affiner vos efforts publicitaires. Si vous avez trouvé un gagnant clair, vous pourriez vouloir augmenter le budget de cette annonce. Cependant, l'A/B testing n'est pas un processus ponctuel. Les meilleurs marketeurs sont toujours en train de tester et d'apprendre.

Erreurs courantes à éviter :

- Ne pas tester de manière significative : Tester de minuscules variations qui n'ont pas d'impact significatif sur la psychologie du consommateur (par exemple, des changements mineurs dans la teinte de couleur) peut être une perte de temps et de ressources.

- Conclure trop tôt : Donnez à votre test suffisamment de temps pour recueillir des données significatives avant de tirer des conclusions.

- Trop de variables : Comme mentionné, tester trop de choses à la fois rend difficile l'identification de ce qui a fonctionné.

- **Laisser les émotions décider :** Ne laissez pas vos préférences personnelles influencer le processus de décision. Faites confiance aux données.

Conclusion :

L'A/B testing est un élément essentiel de toute stratégie de publicité réussie sur Facebook. En testant différentes versions d'une annonce, vous pouvez découvrir ce qui résonne le plus avec votre public. Cela vous permet non seulement d'améliorer l'efficacité de vos publicités actuelles, mais aussi de gagner des insights précieux qui peuvent informer les futures stratégies de contenu et de marketing. Rappelez-vous, l'apprentissage est un voyage continu. Les tendances, les technologies et les comportements des consommateurs évoluent, et vos stratégies publicitaires doivent s'adapter en conséquence.

4.4 Mesurer et comprendre le score de pertinence

Le score de pertinence sur Facebook est un indicateur crucial qui peut grandement influencer la performance de vos publicités. Comprendre ce score et savoir comment l'optimiser est essentiel pour tout media buyer souhaitant maximiser l'efficacité de ses campagnes sur cette plateforme.

Qu'est-ce que le score de pertinence ?

Le score de pertinence est une métrique utilisée par Facebook pour évaluer la qualité et la pertinence d'une publicité. Ce score est calculé après que votre publicité ait atteint environ 500 personnes. Sur une échelle de 1 à 10, un score élevé indique que votre publicité est susceptible d'être bien reçue par votre public cible, tandis qu'un score bas suggère le contraire.

Pourquoi est-il important ?

1. Impact sur le coût et la diffusion : Un score de pertinence élevé peut réduire le coût nécessaire pour atteindre votre audience. Facebook récompense les publicités de haute qualité en les montrant à plus de personnes pour moins cher. Inversement, un score bas peut entraîner des coûts plus élevés.

2. Feedback instantané : Ce score vous donne un aperçu immédiat de la façon dont votre publicité est susceptible de performer. Un score bas dès le début peut être un signal d'alarme, vous indiquant qu'il est peut-être temps de revoir votre publicité.

3. Concurrence : Sur Facebook, vous êtes en concurrence avec d'autres marques pour l'espace publicitaire. Un score de pertinence élevé peut vous donner un avantage concurrentiel, vous permettant d'atteindre plus efficacement votre public cible.

Comment Facebook calcule-t-il ce score ?

Le score de pertinence est principalement déterminé par la réaction prévue de votre audience cible à votre publicité. Facebook utilise les interactions, comme les clics, les partages, les likes, les commentaires, et les vues de vidéos, pour juger si votre publicité est pertinente pour l'audience que vous voulez atteindre.

En plus de ces interactions positives, Facebook prend également en compte les interactions négatives, comme les personnes cliquant sur "Je ne veux pas voir cette publicité". Un nombre élevé d'interactions négatives peut nuire à votre score de pertinence.

Comment améliorer votre score de pertinence ?

1. Segmentation de l'audience : Assurez-vous que votre publicité est diffusée auprès d'un public pertinent. Plus votre ciblage est précis, plus il est probable que votre audience interagira positivement avec votre publicité, améliorant ainsi votre score de pertinence.

2. Contenu de qualité : Créez des publicités attrayantes et pertinentes. Utilisez des visuels de haute qualité, rédigez un texte clair et convaincant, et assurez-vous que votre message est cohérent avec ce que votre audience veut voir.

3. Test A/B : Testez différentes versions de vos publicités pour voir lesquelles reçoivent le meilleur score de pertinence. Vous pouvez tester différents visuels, textes, appels à l'action et même des audiences pour déterminer la combinaison la plus efficace.

4. Surveillez les feedbacks : Gardez un œil sur les commentaires et les réactions à vos publicités. Si vous remarquez une tendance dans les feedbacks négatifs, prenez cela comme un signe que quelque chose doit être modifié.

5. Actualisez vos publicités : Les audiences peuvent se lasser de voir la même publicité encore et encore. Actualiser vos publicités avec de nouveaux visuels ou du nouveau texte peut prévenir la lassitude de l'audience et maintenir un score de pertinence élevé.

Mesurer l'impact du score de pertinence sur les performances de la campagne

Il est important de ne pas se concentrer exclusivement sur le score de pertinence. Bien qu'il soit un indicateur utile de la qualité de votre publicité, il ne devrait pas être votre seul critère de succès. Vous devez également surveiller d'autres métriques clés telles que les conversions, les clics, et le retour sur dépenses publicitaires (ROAS).

En fin de compte, un bon media buyer ne cherche pas seulement à atteindre un score de pertinence élevé. L'objectif est de créer des publicités qui résonnent avec leur audience et les incitent à agir, conduisant à des résultats concrets pour votre entreprise ou votre client. Le score de pertinence est un outil parmi d'autres dans votre arsenal pour optimiser la performance et l'efficacité de vos campagnes publicitaires sur Facebook.

Module 5 : Budget et Enchères

5.1 Comprendre le système d'enchères de Facebook

Le système d'enchères de Facebook est un élément crucial de la publicité sur cette plateforme. Comprendre comment fonctionnent ces enchères vous permettra non seulement de gérer efficacement votre budget publicitaire, mais aussi d'optimiser la portée et l'impact de vos campagnes. Ce module vous guidera à travers les nuances du système d'enchères de Facebook, vous aidant à maîtriser l'art de la publicité compétitive.

Ce système est le mécanisme par lequel l'espace publicitaire est attribué aux annonceurs sur la plateforme. Plutôt que de simplement vendre l'espace publicitaire au plus offrant, Facebook utilise un système d'enchères pour déterminer quelles publicités doivent être affichées à une personne spécifique à un moment donné. Ce processus est conçu pour maximiser l'engagement de l'utilisateur et garantir une expérience positive, tout en offrant une concurrence équitable pour les annonceurs.

1. Fonctionnement des enchères

Lorsque vous lancez une campagne publicitaire sur Facebook, vous participez à une enchère automatique pour l'espace publicitaire. Cependant, ces enchères ne fonctionnent pas comme une enchère traditionnelle où le plus offrant gagne toujours. Au lieu de cela, Facebook utilise un modèle d'enchères appelé "enchère au coût par action" (CPA), qui prend en compte trois composants majeurs :

- Le montant de l'enchère : C'est le montant que vous êtes prêt à payer pour la diffusion de votre publicité. Vous pouvez laisser Facebook définir ce montant automatiquement (ce qui est recommandé pour les débutants) ou définir une enchère manuelle en spécifiant le montant maximum que vous êtes prêt à payer par action (par exemple, par clic ou conversion).

- La pertinence et la qualité de la publicité : Facebook évalue la qualité et la pertinence de chaque publicité en fonction de divers facteurs. Ces facteurs incluent le taux d'engagement prévu (par exemple, les clics, les partages, les likes), la qualité perçue de l'annonce (basée sur les commentaires des utilisateurs et les interactions passées), et la performance de l'annonce dans des enchères précédentes.

- L'estimation de l'action : Facebook utilise également une estimation de la probabilité qu'un utilisateur effectue l'action souhaitée (comme un achat ou une inscription) après avoir vu votre annonce. Cette estimation est basée sur des données historiques et comportementales.

Ces trois facteurs combinés constituent ce que Facebook appelle la "valeur totale" d'une annonce. L'annonce avec la valeur totale la plus élevée remporte l'enchère et est diffusée à l'utilisateur.

2. Stratégies d'enchères

Facebook propose plusieurs stratégies d'enchères que vous pouvez utiliser en fonction de vos objectifs spécifiques. Ces stratégies incluent :

- **Coût par clic (CPC) :** Vous payez chaque fois qu'une personne clique sur votre annonce. Cette stratégie est idéale pour les campagnes visant à augmenter le trafic sur le site web.

- **Coût par mille (CPM) :** Vous payez pour mille impressions de votre annonce, sans tenir compte du nombre de clics. Cette stratégie est préférable si vous souhaitez augmenter la notoriété de la marque.

- **Coût par action (CPA) :** Vous payez lorsque les utilisateurs effectuent une action spécifique, comme un achat ou une inscription. Cette stratégie est parfaite pour les campagnes axées sur la conversion.

- Coût par like (CPL) : Vous payez pour chaque "like" reçu. Cette stratégie est souvent utilisée pour les campagnes visant à accroître l'engagement et la popularité de la page.

- Optimisation du coût moyen (ACO) : Facebook ajuste automatiquement vos enchères pour maximiser vos résultats en fonction de votre budget. Cette stratégie est utile si vous avez un budget fixe et des objectifs flexibles.

3. Gestion des coûts

Il est important de surveiller et de gérer activement vos coûts lors de la participation aux enchères de Facebook. Voici quelques pratiques recommandées :

- Définir un budget : Assurez-vous de définir un budget quotidien ou à vie pour votre campagne. Cela empêche les dépenses excessives.

- Ajuster les enchères : Surveillez la performance de votre campagne et ajustez vos enchères en conséquence. Si une annonce ne génère pas de résultats, vous pouvez réduire ou arrêter votre enchère.

- Tester et apprendre : Expérimentez avec différentes stratégies d'enchères pour voir laquelle fonctionne le mieux pour vos objectifs. Utilisez les données historiques de vos campagnes pour informer les décisions futures.

4. Importance de l'optimisation

L'optimisation est cruciale pour réussir dans le système d'enchères de Facebook. Cela signifie tester différents éléments de vos publicités (comme les images, les appels à l'action, et le ciblage) pour voir ce qui résonne le mieux avec votre public. En optimisant vos publicités pour maximiser la pertinence et l'engagement, vous pouvez augmenter leur valeur totale, ce qui améliore vos chances de gagner des enchères.

En conclusion, le système d'enchères de Facebook est un élément complexe mais essentiel de la publicité sur cette plateforme. Une compréhension approfondie de ce système vous permettra de naviguer plus efficacement dans le paysage publicitaire, d'optimiser votre retour sur investissement et de tirer le meilleur parti de votre budget publicitaire. En maîtrisant les stratégies d'enchères, la gestion des coûts, et l'optimisation, vous serez bien équipé pour réussir dans vos efforts de marketing digital.

5.2 Définir et gérer votre budget

Définir et gérer efficacement votre budget est crucial dans le cadre d'une campagne publicitaire sur Facebook. Cela détermine non seulement combien vous dépensez, mais aussi l'efficacité et le ROI de vos campagnes. Un budget bien géré peut faire la différence entre une campagne réussie et une perte de ressources.

Définir votre budget

1. Comprendre vos objectifs d'affaires :

Avant de fixer un budget, il est essentiel de comprendre vos objectifs. Cherchez-vous à augmenter la notoriété de la marque, à générer des leads qualifiés, ou à stimuler les ventes en ligne ? Votre objectif influencera la manière dont vous allouez les fonds.

2. Analyser les données historiques :

Si vous avez mené des campagnes précédentes, analysez ces données pour comprendre ce qui a fonctionné. Regardez le coût par acquisition (CPA), le coût par clic (CPC), et d'autres métriques pertinentes pour établir un budget réaliste.

3. Estimer le coût des objectifs :

Utilisez les informations disponibles sur votre audience cible et les coûts moyens dans votre secteur. Des outils comme l'Estimateur d'audience de Facebook peuvent vous donner une idée des dépenses prévues pour atteindre un certain nombre de personnes.

4. Définir un budget quotidien ou à vie :

Facebook offre deux options : un budget quotidien et un budget total pour la durée de la campagne. Le budget quotidien vous permet de contrôler combien vous dépensez par jour. Le budget total est utile lorsque vous avez un montant fixe pour toute la campagne.

5. Prévoir une marge de manœuvre :

Incluez une marge de manœuvre dans votre budget pour vous permettre d'ajuster la dépense en fonction des performances de la campagne. Si une certaine publicité fonctionne bien, vous voudrez peut-être augmenter son budget.

Gérer votre budget

1. Surveiller régulièrement les performances :

La gestion active de votre budget implique de surveiller vos campagnes quotidiennement. Utilisez Facebook Ads Manager pour suivre les performances et assurez-vous que vous dépensez de manière optimale.

2. Comprendre les métriques clés :

Familiarisez-vous avec les KPIs tels que le retour sur dépenses publicitaires (ROAS), le CPA, et le CPC. Ces indicateurs vous aideront à comprendre si vous devez ajuster votre budget.

3. Ajuster en fonction des performances :

Si une publicité ne donne pas les résultats escomptés, n'hésitez pas à réduire son budget ou à l'arrêter complètement. Inversement, si une campagne fonctionne bien, envisagez d'augmenter son budget pour maximiser son impact.

4. Expérimenter avec des A/B tests :

Testez différentes publicités avec des budgets variés pour comprendre ce qui fonctionne le mieux. Vous pouvez expérimenter avec les images, le texte, le public cible, etc.

5. Réagir aux variations du marché :

Les événements du marché, les saisons, et les tendances peuvent affecter les coûts et la disponibilité de l'espace publicitaire. Soyez prêt à ajuster votre budget en réponse à ces variations.

6. Utiliser les outils d'automatisation :

Facebook propose des outils pour automatiser certaines parties de la gestion de votre budget, comme les règles automatisées qui ajustent votre budget en fonction des conditions prédéfinies. Cela peut vous aider à optimiser les dépenses sans avoir à surveiller constamment les performances.

7. Analyser et ajuster :

À la fin de chaque campagne, analysez les données pour comprendre où chaque centime a été dépensé et quel a été le retour sur investissement. Utilisez ces informations pour affiner vos stratégies budgétaires futures.

Conclusion

Définir et gérer votre budget publicitaire n'est pas simplement une question de fixation d'un montant à dépenser. C'est un processus dynamique et stratégique qui nécessite une compréhension approfondie de vos objectifs d'affaires, une surveillance constante et des ajustements basés sur l'analyse des données. En maîtrisant ces aspects, vous pouvez vous assurer que chaque euro dépensé sur Facebook contribue à la croissance et au succès de votre entreprise.

5.3 Stratégies d'optimisation des coûts

Dans le monde complexe et concurrentiel de la publicité sur Facebook, la gestion efficace du budget et la compréhension des enchères sont cruciales. L'optimisation des coûts ne consiste pas seulement à dépenser moins, mais à maximiser chaque euro investi pour obtenir le meilleur retour sur investissement (ROI). Voici des stratégies détaillées pour optimiser vos coûts sur Facebook Ads.

1. Comprendre les bases des enchères sur Facebook

Avant de plonger dans les stratégies d'optimisation, il est essentiel de comprendre comment fonctionnent les enchères sur Facebook. Chaque fois qu'une publicité est éligible pour être montrée à une personne, elle passe par un processus d'enchères qui détermine quelle publicité sera affichée. Facebook considère les éléments suivants :

- Le montant que vous enchérissez pour votre publicité.
- La pertinence et la qualité de votre publicité.
- Les performances estimées de l'annonce basées sur l'engagement de l'audience.

2. Utilisation de la stratégie d'enchères appropriée

Facebook propose plusieurs stratégies d'enchères, et choisir la bonne peut avoir un impact significatif sur le coût de votre campagne. Voici les options les plus courantes :

- Coût par clic (CPC) : Vous payez chaque fois que quelqu'un clique sur votre annonce. Cette stratégie est idéale pour les campagnes visant à augmenter le trafic sur le site web.
- Coût par mille (CPM) : Vous payez pour mille impressions de votre annonce. C'est une bonne stratégie si l'objectif est d'accroître la notoriété de la marque.
- Coût par action (CPA) : Vous payez lorsque l'utilisateur effectue une action spécifique, comme un achat ou un téléchargement. Cette stratégie est parfaite pour les campagnes axées sur les conversions.

Sélectionnez la stratégie d'enchères qui correspond le mieux à vos objectifs de campagne.

3. Optimisation de l'audience

Une audience mal ciblée est l'une des principales raisons de l'augmentation des coûts. Voici comment affiner votre ciblage :

- Segmentez vos audiences : Créez des segments d'audience plus petits et plus ciblés. Des groupes plus spécifiques permettent des messages plus personnalisés, ce qui peut améliorer l'engagement et réduire les coûts.

- Utilisez le ciblage par similarité : Les audiences similaires (ou lookalike) permettent à Facebook de cibler des utilisateurs ayant des caractéristiques similaires à celles de votre audience existante, augmentant ainsi la probabilité d'engagement.

- Excluez les audiences inutiles : Enlevez les personnes qui ne sont pas pertinentes pour votre campagne pour éviter de dépenser de l'argent inutilement.

4. Test A/B pour l'optimisation

Le Test A/B est une méthode puissante pour comprendre ce qui fonctionne le mieux et peut aider à réduire les coûts de vos campagnes :

- Testez différents éléments créatifs : Essayez différentes images, vidéos, titres, et descriptions pour voir ce qui résonne le mieux avec votre audience.

- Testez les segments d'audience : Lancez des campagnes similaires pour différents segments d'audience pour découvrir les groupes les plus réactifs.

- Testez les placements : Facebook offre plusieurs options de placement. Testez-les pour trouver les endroits les moins chers et les plus efficaces pour vos annonces.

Analysez les données de chaque test pour comprendre quelles variables offrent le meilleur retour sur investissement.

5. Surveillez et ajustez en temps réel

L'optimisation des coûts n'est pas un processus ponctuel, mais continu. Surveillez vos campagnes de près :

- Analysez les indicateurs de performance clés (KPI) : Surveillez les KPIs pour comprendre les performances de vos annonces. Soyez attentif au CPC, CPM, CPA, taux de clics (CTR), et ROI.
- Ajustez les enchères : En fonction des performances, vous pourriez avoir besoin d'ajuster vos enchères. Si une annonce ne donne pas de bons résultats, ne craignez pas de réduire l'enchère ou de couper le budget.
- Réallouez le budget : Si certaines campagnes ou ensembles d'annonces perform mieux que d'autres, considérez la possibilité de réallouer plus de budget vers ces zones performantes.

6. Utilisez l'apprentissage automatique à votre avantage

Facebook utilise l'intelligence artificielle pour optimiser les campagnes. Vous pouvez tirer parti de cette fonctionnalité en utilisant l'option d'optimisation de la livraison :

- **Optimisation de la livraison :** Lors de la configuration de votre ensemble d'annonces, Facebook vous permet de choisir ce que vous voulez optimiser (comme les clics, les impressions, ou les conversions). Choisissez l'option la plus alignée avec vos objectifs de campagne.
- **Périodes d'apprentissage :** Respectez les périodes d'apprentissage de Facebook lorsque vous lancez de nouvelles campagnes. Évitez de faire des changements majeurs pendant cette période, car cela pourrait perturber l'algorithme d'apprentissage.

7. Création de contenu pertinent

Le contenu de votre annonce joue un rôle crucial dans son succès et son coût :

- **Utilisez des visuels de haute qualité :** Des images et vidéos attrayantes peuvent augmenter l'engagement, améliorer la pertinence de l'annonce, et réduire les coûts.
- **Rédaction persuasive :** Un bon texte peut inciter les gens à agir, ce qui peut améliorer le score de pertinence de votre annonce et réduire les coûts.

En conclusion, l'optimisation des coûts sur Facebook Ads est un processus complexe et continu. Elle nécessite une compréhension approfondie des stratégies d'enchères, une segmentation précise de l'audience, des tests continus, et une capacité à ajuster rapidement les campagnes en fonction des données analysées. En maîtrisant ces stratégies, vous pouvez non seulement réduire vos dépenses publicitaires mais aussi améliorer considérablement l'efficacité de vos campagnes marketing.

5.4 Quand et comment ajuster votre budget

L'ajustement du budget de vos campagnes publicitaires Facebook est une étape cruciale qui peut grandement influencer votre retour sur investissement (ROI). Savoir quand et comment ajuster ce budget peut faire la différence entre une campagne réussie et une autre qui épuise vos ressources sans apporter les résultats escomptés.

Quand ajuster votre budget :

1. Analyse des performances : Avant tout, il est essentiel de déterminer le moment propice pour ajuster votre budget en analysant les données de performance. Si vous observez que vos publicités génèrent un coût par acquisition (CPA) acceptable et un ROI positif, c'est un indicateur clair qu'il est temps d'augmenter votre budget pour maximiser vos résultats.

2. Périodes spécifiques : Les périodes de haute activité commerciale, comme les fêtes de fin d'année, les soldes, ou les événements spéciaux liés à votre secteur, sont des moments stratégiques pour ajuster votre budget. Une augmentation peut vous permettre de capitaliser sur l'engouement des consommateurs, tandis qu'une diminution en période creuse peut éviter des dépenses inutiles.

3. Tests A/B : Lorsque vous menez des tests A/B et identifiez des versions de publicités plus performantes, il est judicieux de réallouer votre budget en faveur des publicités gagnantes. Cela permet d'optimiser vos dépenses en vous concentrant sur ce qui fonctionne le mieux.

4. Changements dans le ROI : Un suivi constant du ROI est nécessaire. Si vous constatez une baisse, il est temps de réévaluer et potentiellement de réduire le budget pour certaines campagnes, ou inversement, si le ROI est en hausse, d'augmenter le budget pour maximiser les gains.

Comment ajuster votre budget :

1. Évaluer les KPIs : Commencez par évaluer les indicateurs clés de performance (KPIs) de vos campagnes. Des mesures telles que le CPA, le taux de clics (CTR), et le ROI vous aideront à comprendre quelles campagnes méritent une augmentation de budget.

2. Réajustement progressif : Lors de l'ajustement de votre budget, une approche progressive est conseillée. Des changements drastiques peuvent perturber l'algorithme de Facebook et affecter la livraison de vos publicités. Une règle générale est d'augmenter ou de diminuer votre budget de 10 à 20 % tous les quelques jours en surveillant attentivement les performances.

3. Réallocation stratégique : Si certaines campagnes ne performent pas bien, envisagez de réallouer ce budget vers des campagnes plus performantes. Cela implique parfois de stopper les campagnes les moins efficaces pour redistribuer ces fonds là où ils auront le plus d'impact.

4. Optimisation des enchères : En plus d'ajuster votre budget, considérez également l'ajustement de vos stratégies d'enchères. Si vous utilisez des enchères au coût par clic (CPC), vous pourriez essayer de modifier les enchères pour voir comment cela affecte vos résultats. Parfois, enchérir légèrement plus haut peut améliorer la visibilité et la performance de vos publicités.

5. Surveiller les fluctuations du marché : Les conditions du marché changent constamment, influencées par divers facteurs tels que la saisonnalité, les tendances de consommation, et la concurrence. Restez informé des tendances du marché pour ajuster votre budget en conséquence, en réagissant de manière proactive aux conditions changeantes.

6. Utiliser les outils d'automatisation : Facebook offre des outils d'automatisation, comme les règles automatisées, qui peuvent aider à gérer votre budget efficacement. Par exemple, vous pouvez créer une règle pour augmenter automatiquement votre budget si votre CPA descend en dessous d'un certain seuil, ou inversement, pour le réduire si le CPA dépasse un montant spécifique.

7. Analyser et ajuster régulièrement : L'optimisation du budget n'est pas un événement unique ; c'est un processus continu. Analysez vos campagnes régulièrement pour identifier les tendances et faire les ajustements nécessaires. Cela inclut non seulement l'ajustement des montants budgétaires mais aussi l'expérimentation avec les paramètres de ciblage, les créatifs publicitaires, et les placements.

En conclusion, l'ajustement du budget de vos campagnes Facebook Ads n'est pas simplement une question de combien vous dépensez, mais aussi de savoir comment, quand, et où vous allouez ces fonds. Une gestion efficace du budget requiert une compréhension approfondie de vos KPIs, une volonté d'expérimenter, et une attention constante aux performances de vos campagnes. En maîtrisant ces aspects, vous pouvez vous assurer que chaque euro dépensé contribue à la réussite globale de vos efforts marketing.

Module 6 : Analyse et Optimisation

6.1 Introduction aux outils d'analyse de Facebook

Dans le monde dynamique du marketing numérique, la capacité à évaluer précisément les performances des campagnes publicitaires et à apporter des améliorations en temps réel est cruciale. Facebook, étant l'une des plateformes publicitaires les plus avancées, offre une gamme d'outils d'analyse intégrés qui permettent aux annonceurs de surveiller, d'analyser et d'optimiser leurs campagnes. Comprendre et maîtriser ces outils est essentiel pour tout media buyer souhaitant maximiser le retour sur investissement (ROI) de ses efforts publicitaires.

Facebook Ads Manager : Le tableau de bord de vos campagnes

Le point de départ de l'analyse des campagnes Facebook est le "Facebook Ads Manager". C'est le centre névralgique de vos campagnes, où vous pouvez créer, gérer et analyser toutes vos publicités. Au-delà de la création de campagnes, Ads Manager offre des fonctionnalités d'analyse approfondies. Vous pouvez y visualiser des métriques clés telles que les impressions, les clics, le taux de clics (CTR), le coût par action (CPA), et le retour sur dépenses publicitaires (ROAS), entre autres.

Chaque colonne dans Ads Manager peut être personnalisée pour afficher les données les plus pertinentes pour vos objectifs. Par exemple, une campagne visant à générer des conversions mettra l'accent sur le CPA et le ROAS, tandis qu'une campagne de notoriété pourrait se concentrer sur le coût pour mille impressions (CPM) et le taux de couverture.

Facebook Analytics : Une compréhension approfondie des interactions des utilisateurs

Facebook a développé un outil robuste appelé "Facebook Analytics" qui va au-delà des métriques de campagne standard. Bien que Facebook ait annoncé la fin de Facebook Analytics à partir de 2021, de nombreuses fonctionnalités ont été intégrées dans d'autres outils d'analyse de la plateforme. Ces outils permettent une analyse plus approfondie des interactions des utilisateurs avec vos publicités, votre page Facebook et même votre site web via le pixel Facebook.

Ces outils peuvent vous aider à comprendre les parcours des utilisateurs, à identifier les segments d'audience les plus réactifs et à analyser le comportement des utilisateurs entre différents appareils. Vous pouvez également voir des données démographiques détaillées et des informations sur l'engagement pour mieux comprendre qui interagit avec vos publicités et comment.

Le Pixel Facebook : Suivi des conversions et retargeting

Le pixel Facebook est un morceau de code que vous placez sur votre site web. Il collecte des données qui aident à suivre les conversions des annonces Facebook, à optimiser les annonces, à construire des audiences ciblées pour les futures annonces, et à remarketer les personnes qui ont déjà effectué une certaine action sur votre site web.

En utilisant le pixel, vous pouvez mesurer l'efficacité de votre publicité en comprenant les actions que les personnes entreprennent sur votre site web. Vous pouvez même suivre les clients à travers leurs appareils pour voir comment ils interagissent avec votre entreprise en ligne, que ce soit sur mobile ou sur ordinateur de bureau.

Rapports personnalisés : Pour des insights approfondis et actionnables

Facebook permet également de créer des rapports personnalisés dans Ads Manager. Cela signifie que vous pouvez configurer des rapports pour afficher des informations spécifiques pertinentes pour votre entreprise. Vous pouvez choisir parmi une variété de colonnes pour afficher les données, personnaliser la période de temps, et même segmenter les données de différentes manières (par exemple, par âge, genre, emplacement, type d'appareil, etc.).

Ces rapports peuvent être sauvegardés pour une utilisation future, et vous pouvez même planifier des rapports périodiques pour être envoyés directement à votre boîte de réception. Cela vous permet de rester informé des performances de vos campagnes en temps réel et de réagir rapidement aux tendances ou aux problèmes.

Test A/B : Une méthode pour l'optimisation continue

Un autre outil essentiel dans votre arsenal d'analyse est le test A/B, également connu sous le nom de test fractionné. Facebook facilite la réalisation de tests A/B en vous permettant de tester différentes versions de vos publicités pour voir quelle version donne les meilleurs résultats en fonction de l'objectif que vous avez choisi.

Vous pouvez tester presque tout, des images et vidéos aux titres, descriptions, audiences, placements, et plus encore. Les tests A/B peuvent vous aider à prendre des décisions éclairées sur la façon d'optimiser vos campagnes et peuvent souvent conduire à une réduction des coûts et à une amélioration des performances.

Conclusion

Maîtriser les outils d'analyse de Facebook n'est pas seulement une question de savoir comment ils fonctionnent. Il s'agit de comprendre comment utiliser les données qu'ils fournissent pour tirer des insights actionnables. En interprétant correctement ces données, vous pouvez apporter des modifications stratégiques à vos campagnes, tester de nouvelles idées, et ultimement, améliorer le ROI de vos efforts publicitaires. Les outils d'analyse de Facebook sont puissants, mais c'est la sagesse avec laquelle vous les utilisez qui détermine votre succès.

6.2 Interpréter les données et KPIs clés

Dans le monde dynamique du marketing digital, la capacité à analyser et à optimiser les campagnes publicitaires est cruciale. Cela est particulièrement vrai pour les plateformes comme Facebook, où les entreprises investissent considérablement pour atteindre leur public cible. Dans ce contexte, comprendre comment interpréter les données et les indicateurs de performance clés (KPIs) devient une compétence indispensable pour tout media buyer.

Comprendre les KPIs clés

Chaque campagne publicitaire a des objectifs uniques, qu'il s'agisse d'augmenter la notoriété de la marque, de stimuler l'engagement ou de convertir les clics en ventes. Les KPIs sont des valeurs mesurables qui démontrent l'efficacité d'une campagne pour atteindre ces objectifs. Voici quelques-uns des KPIs les plus pertinents sur Facebook :

1. Portée et impressions : La portée indique le nombre de personnes uniques qui ont vu votre publicité, tandis que les impressions se réfèrent au nombre de fois que votre publicité a été vue, y compris les vues multiples par des utilisateurs individuels. Une portée élevée avec moins d'impressions suggère que votre annonce est diffusée à un public plus large mais sans répétition.

2. Taux de clics (CTR) : C'est le rapport entre le nombre de clics que votre annonce reçoit et le nombre d'impressions. Un CTR faible pourrait indiquer que votre publicité n'est pas pertinente pour le public cible, ou que l'appel à l'action n'est pas assez convaincant.

3. Coût par clic (CPC) et Coût par mille (CPM) : Le CPC vous indique combien vous payez pour chaque clic sur votre publicité. Le CPM est le coût pour mille impressions. Suivre ces KPIs vous aide à comprendre si vous dépensez votre budget de manière efficace.

4. Conversions : Ce sont les actions que les utilisateurs entreprennent après avoir cliqué sur votre publicité. Il peut s'agir d'achats, d'inscriptions, de téléchargements ou de toute autre action pertinente pour votre entreprise. Le suivi des conversions vous permet de comprendre l'efficacité de votre publicité dans la réalisation de vos objectifs finaux.

5. Retour sur dépenses publicitaires (ROAS) :
C'est un indicateur de la rentabilité de vos annonces. Il mesure les revenus générés pour chaque dollar dépensé en publicité. Un ROAS faible indique un faible retour sur investissement.

Interprétation des données

Après avoir identifié les KPIs pertinents, l'étape suivante est l'interprétation des données collectées. Cette phase est cruciale car une mauvaise interprétation peut entraîner des décisions mal informées. Voici comment procéder :

1. Analyse comparative : Comparez vos KPIs actuels avec vos objectifs initiaux, vos campagnes précédentes, ou même avec les normes de l'industrie. Cela vous donne une base pour comprendre si votre campagne performe bien ou si des ajustements sont nécessaires.

2. Comprendre le contexte : Les chiffres bruts ne vous diront pas grand-chose sans le contexte approprié. Si votre CTR est faible, est-ce à cause de la créativité, de l'appel à l'action, ou est-ce que vous ciblez le mauvais segment de marché ? Posez des questions critiques sur chaque KPI pour comprendre ce qui se passe derrière les chiffres.

3. Corrélation et causalité : Identifiez les relations entre différents KPIs. Par exemple, si votre CTR a augmenté après une certaine modification de l'annonce, cela peut indiquer ce qui a résonné avec votre audience. Cependant, faites attention à ne pas confondre corrélation et causalité sans une analyse approfondie.

4. Analyse des segments : Divisez vos données par différents critères, comme la démographie, la géographie, ou le comportement des utilisateurs. Cela peut vous aider à identifier les tendances ou les problèmes spécifiques à certains segments.

Optimisation basée sur l'analyse

Une fois que vous avez interprété vos données, il est temps d'optimiser votre campagne en conséquence. Voici quelques stratégies :

1. A/B Testing : Si vous n'êtes pas sûr de ce qui fonctionne, testez différentes versions de vos annonces (différents visuels, copies, appels à l'action) pour voir ce qui performe le mieux.

2. Réajustez votre ciblage : Si vous constatez que votre message ne résonne pas avec votre public cible, il peut être nécessaire de revoir votre ciblage. Utilisez les données démographiques et comportementales pour affiner votre audience.

3. Optimisez vos enchères et votre budget : En fonction de vos KPIs, vous devrez peut-être ajuster combien vous payez par clic ou par impression pour maximiser le retour sur investissement.

4. Améliorez votre créativité : Si votre contenu n'engage pas, utilisez les insights de vos données pour apporter des changements. Cela pourrait être aussi simple que de modifier l'image ou le texte de l'annonce.

5. Utilisez le retargeting : Si vous obtenez beaucoup de clics mais peu de conversions, envisagez des stratégies de retargeting pour réengager les utilisateurs qui ont interagi avec votre annonce mais qui n'ont pas converti.

En conclusion, l'interprétation des données et des KPIs clés n'est pas simplement une question de collecte de chiffres. Il s'agit de comprendre ce que ces chiffres vous disent sur votre campagne et d'utiliser ces informations pour apporter des améliorations intelligentes et ciblées. C'est un processus continu qui, s'il est bien fait, peut conduire à une amélioration significative de l'efficacité de vos efforts publicitaires sur Facebook.

6.3 Comment optimiser en cours de campagne

L'optimisation en cours de campagne est cruciale pour le succès de toute stratégie publicitaire sur Facebook. Elle permet non seulement d'améliorer les performances de vos publicités, mais aussi de maximiser votre retour sur investissement. Voici comment procéder étape par étape.

1. Surveillez Vos Performances en Temps Réel :
La première étape pour optimiser vos campagnes est de surveiller activement leurs performances. Utilisez Facebook Ads Manager pour suivre des métriques clés telles que le coût par clic (CPC), le taux de clics (CTR), le coût par acquisition (CPA), la portée, les impressions, et les conversions. La surveillance en temps réel vous permet d'identifier rapidement les publicités sous-performantes ou les segments d'audience qui ne réagissent pas comme prévu.

2. Réajustez Votre Ciblage :
Si vous constatez que certaines audiences ne se convertissent pas bien, il peut être nécessaire de réajuster votre ciblage. Peut-être que votre publicité n'est pas pertinente pour eux, ou peut-être qu'un autre segment démographique pourrait mieux performer. Utilisez les données démographiques fournies par Facebook Insights pour comprendre qui interagit avec vos publicités et ajustez vos paramètres de ciblage en conséquence. Cela peut inclure l'âge, le sexe, la localisation, les intérêts, ou les comportements.

3. Testez Différentes Créations Publicitaires :
L'A/B testing est une stratégie essentielle pour l'optimisation. Si une publicité ne génère pas les résultats escomptés, essayez une nouvelle image ou un nouveau texte. Vous pouvez également

tester différents appels à l'action (Call-To-Action, CTA) pour voir lequel encourage le plus de clics. En testant différentes versions de vos publicités, vous pouvez comparer les performances et déterminer quel contenu résonne le mieux avec votre audience.

4. Ajustez Vos Enchères et Votre Budget :

Si vos publicités performent bien, vous voudrez peut-être augmenter votre budget pour maximiser votre portée et vos conversions. Inversement, si vos publicités ne rencontrent pas de succès, réduisez le budget ou arrêtez la publicité pour minimiser les pertes. De même, ajustez vos enchères si vous trouvez que vous payez trop cher pour les résultats obtenus. Facebook offre plusieurs stratégies d'enchères, et il est crucial de choisir celle qui correspond le mieux à vos objectifs de campagne.

5. Optimisez pour le Placement :

Facebook permet aux publicités d'être diffusées sur divers placements, y compris Instagram, Audience Network, et le fil d'actualité de Facebook. Si vos publicités performent bien sur un placement mais pas sur un autre, vous pouvez réallouer votre budget pour vous concentrer sur les zones performantes. En optimisant pour le placement, vous vous assurez que votre budget est dépensé de manière à atteindre votre audience là où elle est la plus engagée.

6. Utilisez la Règle des 48 Heures :

Certains experts en marketing suggèrent d'attendre au moins 48 heures avant de faire des changements significatifs dans vos campagnes. Cela donne suffisamment de temps pour collecter des données pertinentes sur les performances de la publicité. Faire des changements trop tôt peut perturber l'algorithme d'apprentissage de Facebook, tandis que réagir trop lentement peut entraîner une perte de budget sur des publicités sous-performantes.

7. Répondez aux Feedbacks et Engagez-vous avec Votre Audience :

L'engagement peut jouer un rôle significatif dans le succès de vos publicités Facebook. Répondez aux commentaires, messages, et avis. Cette interaction montre à votre audience que vous êtes attentif et engagé, ce qui peut améliorer la réputation de votre marque et augmenter l'engagement avec vos publicités.

8. Analysez les Données au-delà des Clics :

Les clics peuvent donner l'impression que votre campagne est un succès, mais ce n'est pas toujours le cas. Analysez les données de conversion pour voir combien de ces clics se transforment en actions précieuses. Si vous avez beaucoup de clics mais peu de conversions, cela peut indiquer un problème avec votre page de destination ou un décalage entre votre publicité et l'audience.

9. Exploitez les Insights pour les Campagnes Futures :

Toutes ces données et compréhensions ne sont pas seulement utiles pour la campagne actuelle; elles sont également précieuses pour les futures. Analysez ce qui a fonctionné et ce qui n'a pas fonctionné pour améliorer continuellement vos efforts de marketing. Chaque campagne est une opportunité d'apprendre et de s'adapter.

En conclusion, l'optimisation en cours de campagne est un aspect dynamique et continu du media buying. Elle demande une surveillance constante, un test, et un ajustement basé sur les données réelles de performance. En étant réactif et attentif aux métriques clés, vous pouvez considérablement améliorer l'efficacité de vos campagnes publicitaires sur Facebook, assurant ainsi que votre budget marketing génère le meilleur retour sur investissement possible.

6.4 Techniques avancées d'optimisation pour maximiser le ROI

L'optimisation avancée de vos campagnes publicitaires sur Facebook ne consiste pas seulement à ajuster les budgets ou à réécrire les textes publicitaires. Il s'agit d'une approche stratégique et analytique qui nécessite une compréhension approfondie de divers facteurs et mécanismes. Voici des techniques avancées pour peaufiner vos campagnes et maximiser votre retour sur investissement (ROI).

1. Utilisation de la méthode AARRR :

La méthode AARRR (Acquisition, Activation, Rétention, Recommandation, Revenu) vous permet d'identifier les goulots d'étranglement dans votre entonnoir de conversion et de concentrer vos efforts d'optimisation là où ils auront le plus grand impact. Par exemple, si vous avez un taux de clic (CTR) élevé mais un faible taux de conversion, vous devriez vous concentrer sur l'optimisation de votre page de destination plutôt que sur votre publicité elle-même.

2. Optimisation du score de qualité et du taux de clic :

Facebook attribue à chaque annonce un score de qualité, basé sur l'engagement qu'elle reçoit. Un score élevé indique à Facebook que votre annonce est pertinente et intéressante pour votre audience, ce qui peut réduire vos coûts et augmenter votre ROI. Pour améliorer ce score, testez différents éléments créatifs (images, vidéos, textes) et ciblez de manière plus précise pour augmenter l'engagement et le CTR.

3. Exploitation des données du pixel Facebook :

Le pixel Facebook collecte des données précieuses sur les actions des utilisateurs sur votre site web. Utilisez ces données pour créer des audiences personnalisées de personnes ayant effectué des actions spécifiques sur votre site. Vous pouvez ensuite utiliser ces audiences pour des campagnes de remarketing, en ciblant les utilisateurs avec des annonces personnalisées basées sur leur comportement antérieur.

4. Optimisation de la phase de la journée et de la semaine :

Tous les moments ne sont pas égaux pour atteindre votre public. En analysant les données de vos campagnes, identifiez quand votre audience est la plus réceptive et ajustez vos dépenses publicitaires en conséquence. Par exemple, si vos clients sont plus actifs en soirée ou le week-end, il serait judicieux d'augmenter votre budget pendant ces périodes.

5. Utilisation de la méthode "Test and Learn" avec des variantes créatives :

Ne vous contentez pas de supposer quel message ou quelle image fonctionnera le mieux. Utilisez la méthode "Test and Learn" en créant plusieurs variantes d'annonces (A/B testing) pour voir lesquelles performent le mieux. Testez différents visuels, titres, descriptions et appels à l'action (CTA). Gardez un œil sur les performances et investissez dans les variantes les plus performantes.

6. Optimisation des enchères et des budgets :

Plutôt que de laisser Facebook ajuster automatiquement vos enchères, envisagez de passer à des enchères manuelles pour avoir un contrôle plus direct sur vos dépenses. Cela peut être particulièrement utile si vous savez combien chaque conversion vaut pour votre entreprise. De plus, révisez régulièrement vos budgets en fonction des performances de la campagne, en allouant plus de budget aux ensembles de publicités les plus performants.

7. Intégration du retargeting et du reciblage :

Le retargeting est crucial pour convertir les utilisateurs qui n'ont pas effectué l'action souhaitée lors de leur première interaction. Créez des campagnes de retargeting pour cibler les personnes qui ont visité des pages spécifiques, ajouté des articles à leur panier ou interagi avec vos précédentes annonces. Le reciblage vous permet de rester au premier plan de leur esprit et d'augmenter les chances de conversion.

8. Analyse avancée à l'aide de Facebook Attribution :

Utilisez Facebook Attribution pour comprendre quelles parties de votre stratégie publicitaire fonctionnent le mieux. Cet outil vous permet de voir quelles annonces, quels ensembles d'annonces et quelles campagnes ont le plus contribué à atteindre vos objectifs. Utilisez ces informations pour réallouer votre budget et optimiser la stratégie de campagne.

9. Exploitation de l'apprentissage automatique et de l'IA :

Utilisez des outils d'automatisation et des plateformes qui exploitent l'intelligence artificielle pour optimiser vos campagnes. Ces technologies peuvent aider à automatiser l'optimisation des enchères, le ciblage et même le contenu créatif, en s'appuyant sur des données en temps réel pour prendre des décisions rapides et précises qui améliorent le ROI.

10. Suivi et optimisation continus :

L'optimisation de la campagne n'est pas un événement unique ; c'est un processus continu. Continuez à surveiller les performances de vos campagnes, à tester de nouvelles stratégies et à ajuster vos tactiques en fonction des résultats. Un suivi régulier vous permet d'identifier les tendances, de repérer les domaines d'amélioration et de réagir rapidement aux changements du marché ou du comportement des consommateurs.

En maîtrisant ces techniques avancées, vous pouvez non seulement améliorer l'efficacité de vos campagnes publicitaires actuelles, mais aussi acquérir des connaissances précieuses qui vous serviront dans toutes vos futures initiatives de marketing digital. Le paysage de la publicité en ligne évolue constamment, et seuls ceux qui continuent à tester, à apprendre et à optimiser resteront en tête.

Module 7 : Facebook Business Suite et Outils Connexes

7.1 Présentation de la Business Suite

La transformation numérique a remodelé le paysage du marketing, en particulier dans l'espace des médias sociaux. Avec plus de 2,8 milliards d'utilisateurs actifs par mois, Facebook domine ce domaine, offrant aux entreprises un terrain fertile pour atteindre leurs clients cibles. Pour simplifier et optimiser la gestion de ces interactions précieuses, Facebook a lancé la "Facebook Business Suite", une plateforme tout-en-un qui centralise la gestion des activités commerciales sur Facebook, Instagram, et Messenger. Dans ce module, nous allons explorer en profondeur cette suite intégrée, en mettant en lumière ses caractéristiques, ses avantages, et comment elle peut être utilisée pour dynamiser votre rôle en tant que media buyer.

Qu'est-ce que la Facebook Business Suite ?

La Facebook Business Suite est un hub centralisé destiné aux entreprises, permettant de gérer de manière transparente leurs profils sur Facebook, Instagram, et Messenger. Lancée en 2020, cette plateforme représente une évolution des outils de gestion précédents tels que "Pages Manager" et "Business Manager", en intégrant une gamme de fonctionnalités dans une interface unifiée. Elle vise à aider les entreprises à économiser du temps et des efforts, à suivre et mesurer leurs performances, et à communiquer efficacement avec leur audience.

Caractéristiques Principales

1. Tableau de bord centralisé : La Business Suite dispose d'un tableau de bord intuitif qui affiche une vue d'ensemble des statistiques clés, des tendances de l'engagement, et des performances de la campagne. Vous pouvez personnaliser ce tableau de bord pour afficher les informations les plus pertinentes pour votre entreprise.

2. Gestion des messages : Unifiez vos communications en accédant à vos messages Facebook, commentaires Instagram, et conversations Messenger au même endroit. Cela permet de répondre rapidement aux requêtes des clients, d'interagir avec votre communauté, et même de programmer des réponses automatisées.

3. Publication et planification : Publiez du contenu sur Facebook et Instagram simultanément et planifiez des publications pour une date et une heure spécifiques. Cela est particulièrement utile pour les campagnes coordonnées et pour maintenir une présence constante en ligne.

4. Publicités et promotions : Créez et suivez des publicités pour Facebook et Instagram. Vous pouvez promouvoir des publications existantes, lancer de nouvelles campagnes publicitaires, ajuster les budgets, et modifier les audiences directement depuis la Business Suite.

5. Insights et rapports : Accédez à des données détaillées sur vos followers, leur engagement, et les performances de vos publicités. Utilisez ces insights pour ajuster vos stratégies, comprendre votre ROI, et prendre des décisions éclairées basées sur des tendances réelles.

Avantages pour les Media Buyers

En tant que media buyer, exploiter la puissance de la Facebook Business Suite peut vous procurer plusieurs avantages compétitifs :

- Efficacité opérationnelle : Gérez plusieurs aspects de vos campagnes publicitaires et de votre engagement en ligne à partir d'une seule plateforme, éliminant ainsi le besoin de basculer constamment entre différents outils ou comptes.

- Suivi en temps réel : Avec des données actualisées en continu, vous pouvez surveiller les performances de vos campagnes en temps réel. Cela vous permet de réagir rapidement aux tendances émergentes et d'ajuster vos stratégies pour maximiser l'efficacité.

- Ciblage et retargeting améliorés : Utilisez les données et insights disponibles pour affiner le ciblage de vos campagnes. Vous pouvez également mettre en place des stratégies de retargeting efficaces en vous basant sur les interactions des utilisateurs avec vos précédentes publicités ou votre contenu.

- Optimisation des conversions : En suivant les parcours des utilisateurs et en comprenant leurs comportements, optimisez les éléments de vos campagnes pour améliorer les taux de conversion. Testez différents appels à l'action, images, ou textes publicitaires pour déterminer ce qui résonne le mieux avec votre audience.

- Reporting simplifié : Générez des rapports détaillés pour analyser ce qui fonctionne et identifier les domaines d'amélioration. Ces rapports peuvent être facilement partagés avec les parties prenantes, fournissant des preuves tangibles de la performance et du ROI.

Conclusion

La Facebook Business Suite est une réponse directe aux besoins croissants des entreprises pour une plateforme intégrée qui non seulement simplifie la gestion des médias sociaux, mais offre également des insights puissants pour informer les stratégies de marketing. En tant que media buyer, maîtriser cet outil peut augmenter considérablement votre efficacité, vous permettant de lancer, de suivre, et d'optimiser des campagnes avec une précision sans précédent. Dans les modules suivants, nous explorerons plus en détail comment utiliser spécifiquement chacune de ces fonctionnalités pour renforcer vos campagnes publicitaires et consolider votre position en tant qu'expert en achat média.

7.2 Utilisation de Facebook Analytics

Facebook Analytics est un outil puissant qui permet aux entreprises de comprendre en profondeur l'interaction entre les utilisateurs et leurs contenus sur Facebook. En exploitant les données fournies par cet outil, les media buyers peuvent optimiser leurs campagnes pour atteindre des performances maximales. Voici comment utiliser efficacement Facebook Analytics dans vos efforts de media buying.

1. Comprendre l'interface de Facebook Analytics

Avant de plonger dans les données, il est crucial de se familiariser avec l'interface de Facebook Analytics. L'outil présente un tableau de bord où vous pouvez voir un aperçu des données de performance telles que les interactions des utilisateurs, les conversions, et plus encore. Vous pouvez personnaliser cet espace de travail pour afficher les informations les plus pertinentes pour vos campagnes.

2. Configurer des événements et des conversions

Les événements sont des actions que les utilisateurs effectuent sur votre page, votre site web, ou avec votre application. Il peut s'agir de visites sur une page, de soumissions de formulaire, d'achats, etc. En configurant ces événements dans Facebook Analytics, vous pouvez suivre ces actions et comprendre quel aspect de votre campagne incite les utilisateurs à s'engager.

Les conversions, d'autre part, sont des événements spécifiques qui ont une importance particulière pour votre entreprise, comme compléter un achat. Facebook Analytics vous permet de définir ces conversions pour mieux comprendre quel pourcentage de vos interactions mène à ces résultats précieux.

3. Analyser les parcours des utilisateurs

Un aspect unique de Facebook Analytics est sa capacité à suivre les parcours des utilisateurs. Contrairement à la simple observation des interactions, cette fonction vous permet de voir comment les utilisateurs naviguent entre les différents points de contact avec votre marque. Cela peut vous aider à identifier quels éléments de votre campagne encouragent la progression dans l'entonnoir de conversion et lesquels peuvent nécessiter une amélioration.

4. Segmenter votre audience

La segmentation de l'audience vous permet de diviser votre audience en groupes basés sur des critères communs, tels que l'âge, le lieu, le comportement, etc. En utilisant Facebook Analytics, vous pouvez observer comment différents segments interagissent avec vos campagnes. Cette information est cruciale pour optimiser vos efforts de media buying, vous permettant de cibler vos annonces plus précisément ou de personnaliser vos messages pour différents groupes.

5. Utiliser les insights pour l'optimisation

Les insights que vous recueillez à partir de Facebook Analytics ne sont pas seulement des points de données intéressants; ils sont des outils d'optimisation. En comprenant quel contenu performe bien ou comment certaines démographies répondent à vos annonces, vous pouvez affiner vos campagnes en cours. Cela peut signifier le changement des visuels, l'ajustement des copies publicitaires, la modification des offres, ou même la réaffectation du budget pour privilégier les segments de haute performance.

6. Créer des rapports personnalisés

Facebook Analytics offre la possibilité de créer des rapports personnalisés. Ces rapports peuvent être configurés pour mettre en évidence les KPIs les plus importants pour vos campagnes, vous permettant de voir rapidement les performances sans avoir à naviguer à travers de multiples écrans. Ces rapports peuvent être partagés avec les membres de votre équipe ou les parties prenantes pour communiquer les progrès et justifier les décisions stratégiques.

7. Comprendre l'attribution des conversions

L'attribution est un aspect critique de toute campagne publicitaire, vous indiquant précisément quelles interactions avec les utilisateurs sont responsables des conversions. Facebook Analytics vous permet de voir ce parcours, vous aidant à comprendre si c'est votre dernière annonce, un post récent, ou peut-être un e-mail qui a incité un utilisateur à convertir. Ces informations sont cruciales pour déterminer le ROI de vos différentes initiatives marketing.

8. Intégrer les données pour une vue holistique

Enfin, il est important de se rappeler que Facebook Analytics ne doit pas être utilisé dans le vide. Pour une stratégie de media buying vraiment efficace, intégrez ces données avec d'autres sources d'information, y compris Google Analytics, les données CRM, ou d'autres plateformes publicitaires. Cela vous donnera une vue complète de vos performances marketing, vous permettant de prendre des décisions éclairées qui sont basées sur l'ensemble du parcours du client.

En maîtrisant Facebook Analytics, les media buyers peuvent non seulement voir le succès de leurs campagnes actuelles mais aussi utiliser ces insights pour alimenter des stratégies futures. Cet outil, lorsqu'il est utilisé à son plein potentiel, est extrêmement puissant pour optimiser les dépenses publicitaires, améliorer l'engagement des utilisateurs, et ultimement, conduire les conversions et augmenter le ROI.

7.3 Intégration avec d'autres outils et plateformes

La publicité numérique, et en particulier l'utilisation de plateformes telles que Facebook Ads, ne se limite pas à la création et au déploiement de campagnes publicitaires. Pour une efficacité optimale, ces efforts doivent s'intégrer harmonieusement avec d'autres outils et plateformes que les entreprises utilisent. Cette intégration permet une meilleure analyse des données, une automatisation accrue, et une expérience utilisateur plus cohérente, contribuant à une stratégie de marketing digital plus robuste.

Intégration avec des Plateformes d'Analyse de Données

L'une des intégrations les plus critiques pour tout spécialiste du marketing utilisant Facebook Business Suite est avec des plateformes d'analyse de données. Les outils comme Google Analytics, Adobe Analytics, ou même des plateformes spécialisées telles que Mixpanel, offrent des perspectives approfondies qui vont au-delà des métriques de base disponibles via Facebook.

Par exemple, en connectant Facebook Ads à Google Analytics, vous pouvez suivre les conversions qui ont commencé comme des clics sur une publicité Facebook et ont finalement conduit à une transaction sur votre site web. Cette intégration vous permet de voir non seulement combien de trafic votre campagne génère, mais aussi comment ces utilisateurs se comportent une fois qu'ils ont quitté Facebook.

Pour intégrer ces systèmes, vous devrez généralement placer un code de suivi (souvent appelé "pixel") sur votre site web. Ce code enregistre les visites et recueille des données que vous pouvez ensuite visualiser dans votre plateforme d'analyse pour voir comment vos campagnes publicitaires se traduisent par des actions concrètes.

Intégration avec des Plateformes de Gestion de la Relation Client (CRM)

L'intégration de votre système CRM, comme Salesforce ou HubSpot, avec Facebook Ads peut avoir un impact significatif sur la pertinence de vos efforts publicitaires. Cette connexion assure que les données de vos clients sont synchronisées entre les deux plateformes, vous permettant de créer des publicités plus ciblées basées sur des informations détaillées.

Par exemple, vous pouvez télécharger des listes de contacts de votre CRM vers Facebook pour créer des audiences personnalisées, ce qui vous permet de cibler des segments spécifiques de votre base de clients avec des messages adaptés. Inversement, vous pouvez également importer des données de leads de Facebook vers votre CRM, assurant que les prospects générés par vos publicités sont rapidement et efficacement suivis par votre équipe de vente.

Intégration avec des Outils d'Automatisation du Marketing

Les outils d'automatisation du marketing, tels que Marketo, Mailchimp, ou ActiveCampaign, peuvent également s'intégrer avec Facebook Business

Suite pour automatiser divers aspects de votre stratégie marketing. Par exemple, vous pouvez configurer des campagnes de goutte à goutte qui envoient automatiquement des e-mails ou d'autres communications basées sur l'interaction d'un utilisateur avec vos publicités Facebook.

Une utilisation courante de cette intégration est le retargeting, où vous pouvez cibler des publicités Facebook spécifiques aux utilisateurs qui ont ouvert un certain e-mail ou effectué une certaine action sur votre site web. Cela crée une expérience plus cohérente et personnalisée pour l'utilisateur, augmentant ainsi la probabilité de conversion.

Intégration avec des Plateformes de Commerce Électronique

Si vous exploitez une boutique en ligne, l'intégration de votre plateforme de commerce électronique, comme Shopify, WooCommerce, ou BigCommerce, avec Facebook peut simplifier la gestion de vos publicités. Cette intégration permet souvent de créer automatiquement des publicités pour certains produits, de suivre les détails des transactions pour mesurer le ROI, et même de créer des boutiques Facebook où les utilisateurs peuvent acheter vos produits sans quitter la plateforme.

En intégrant ces outils, vous pouvez également utiliser des données de commerce électronique pour cibler des segments d'audience spécifiques, comme les personnes qui ont visité des pages de produits spécifiques ou abandonné leur panier avant de terminer un achat.

Conclusion

L'intégration de Facebook Business Suite avec d'autres outils et plateformes est cruciale pour maximiser l'efficacité de vos efforts publicitaires. Non seulement cela vous donne une meilleure compréhension de l'efficacité de vos publicités, mais cela permet également une expérience utilisateur plus cohérente et personnalisée. En exploitant ces intégrations, vous pouvez assurer que chaque euro dépensé sur vos publicités Facebook contribue à des objectifs commerciaux plus larges, créant une stratégie de marketing digital véritablement intégrée.

7.4 Gestion et collaboration au sein des équipes

La gestion et la collaboration au sein des équipes sont cruciales pour maximiser l'efficacité et le retour sur investissement de vos campagnes publicitaires sur Facebook. Avec l'introduction de Facebook Business Suite, coordonner les efforts de plusieurs personnes ou départements est devenu plus accessible, mais cela nécessite une compréhension approfondie de la façon d'utiliser ces outils pour la collaboration en équipe.

Comprendre Facebook Business Suite

Facebook a lancé Business Suite pour fournir aux entreprises un point central pour gérer leurs activités sur Facebook, Instagram, et Messenger. Cela inclut la gestion des publicités, l'interaction avec les clients, et l'analyse des performances. L'un des avantages les plus significatifs est la capacité de travailler en équipe, permettant une collaboration transparente et une gestion efficace des campagnes publicitaires.

Configuration des rôles d'équipe

Avant de plonger dans les aspects collaboratifs, il est essentiel de configurer correctement les rôles de votre équipe. Facebook Business Suite permet de définir différents niveaux d'accès pour les membres de l'équipe, en fonction de leurs responsabilités. Cela va des administrateurs, qui ont un contrôle total, aux éditeurs, modérateurs, annonceurs, et analystes, qui ont des niveaux d'accès plus limités.

1. **Administrateurs :** Ils contrôlent tous les aspects de la Business Suite, y compris l'ajout ou la suppression de membres de l'équipe, la modification ou la suppression de publications, la gestion des paramètres de paiement, et la visualisation des analyses.
2. **Éditeurs :** Ils peuvent publier du contenu, répondre aux commentaires, créer des publicités, et voir les analyses, mais ils ne peuvent pas gérer les rôles des membres de l'équipe.

3. Annonceurs : Ils sont concentrés sur la création, le lancement, et le suivi des publicités.

4. Analystes : Ils ont accès aux insights et aux données, essentiels pour informer les stratégies et les décisions.

Collaboration et communication

Une fois les rôles définis, la clé de la gestion d'équipe réussie est la communication. Utilisez les fonctionnalités intégrées de Business Suite pour assigner des tâches, partager des brouillons de publicités pour avis, et discuter des stratégies. Vous pouvez également répondre directement aux messages des clients, aux commentaires, et aux avis, le tout depuis un seul endroit, assurant que la communication externe est également gérée de manière collaborative.

Partage de ressources et de contenu

Facebook Business Suite excelle dans le partage de ressources. Vous pouvez créer une bibliothèque de contenus, accessible à tous les membres de votre équipe, garantissant que chacun utilise les éléments graphiques, les directives de marque, et les copies approuvés. Cette cohérence est vitale pour maintenir l'intégrité de la marque et l'efficacité de la communication.

Gestion des campagnes publicitaires

La création et le suivi des campagnes publicitaires sont au cœur de la collaboration en équipe sur

Business Suite. Les membres de l'équipe peuvent suivre les performances des publicités, partager des insights, et apporter des modifications en temps réel, en fonction des données en direct. Cette réactivité permet d'optimiser les campagnes pour de meilleurs résultats.

Calendrier de contenu et planification

La planification est simplifiée grâce à un calendrier de contenu partagé. Visualisez quand les publications sont prévues, qui est responsable de quoi, et quels sont les grands événements ou promotions à venir. Cette visibilité aide à éviter les doublons de travail et assure que les campagnes importantes sont prêtes bien avant leur lancement.

Analyse des performances et rapports

L'analyse est un aspect crucial de la publicité sur Facebook. Avec Business Suite, vous pouvez créer des tableaux de bord personnalisés que toute l'équipe peut consulter. Ces rapports peuvent inclure des KPIs clés, des données sur les performances des publicités, des informations sur l'engagement des utilisateurs, et plus encore. En partageant ces insights, votre équipe peut prendre des décisions éclairées sur la modification ou l'itération des campagnes en cours.

Réunions et revues régulières

Enfin, même avec d'excellents outils numériques, la communication en face à face (ou virtuelle) reste essentielle. Organisez des réunions régulières pour discuter des performances, explorer de nouvelles idées, et résoudre les problèmes. Ces sessions peuvent aider à maintenir tout le monde sur la même longueur d'onde et à promouvoir une culture de collaboration ouverte.

Conclusion

La gestion et la collaboration efficaces au sein des équipes via Facebook Business Suite exigent une compréhension claire des rôles, une communication ouverte, et l'utilisation stratégique des outils disponibles. En optimisant la façon dont votre équipe utilise cette plateforme puissante, vous pouvez non seulement améliorer l'efficacité de vos campagnes publicitaires mais aussi encourager un environnement de travail plus cohésif et productif.

Module 8 : Conformité et Meilleures Pratiques

8.1 Règles publicitaires de Facebook : ce qu'il faut savoir

Comprendre et respecter les règles publicitaires de Facebook n'est pas seulement une question de conformité légale et éthique ; c'est aussi une composante essentielle pour éviter les pénalités, y compris l'annulation des publicités ou la suspension des comptes.

Facebook a mis en place des politiques publicitaires détaillées pour créer un environnement sûr et accueillant pour ses utilisateurs et les entreprises. Ces règles couvrent les types de contenu autorisés sur les publicités, les produits et services que vous pouvez promouvoir, ainsi que les méthodes de promotion acceptées.

Contenu des publicités

Toutes les publicités sur Facebook doivent être exactes. Elles ne doivent pas inclure de contenu trompeur, faux ou qui induit en erreur les utilisateurs concernant les produits ou services que vous promouvez. Cela inclut également des pratiques telles que le "clickbait", qui encourage les utilisateurs à interagir avec le contenu sous de fausses prémisses.

Produits et services autorisés

Facebook interdit la promotion de certains produits ou services. Par exemple, les publicités pour des produits du tabac, des drogues illégales, des armes, des munitions, et des explosifs sont strictement interdites. Les restrictions s'appliquent également à la promotion de services de prêt sur gages, de rencontres ou de jeux d'argent. Il est essentiel de consulter la liste complète des produits et services interdits sur la plateforme avant de lancer une campagne.

Normes de la communauté

Les publicités doivent respecter les normes de la communauté de Facebook. Ces normes sont conçues pour protéger la communauté Facebook contre le contenu offensant, violent, ou discriminatoire. Par exemple, les publicités ne doivent pas promouvoir de discours de haine, de violence, de discrimination basée sur la race, l'ethnie, la nationalité, la religion, l'orientation sexuelle, le sexe, l'identité de genre, ou le handicap.

Protection de la vie privée et droits d'auteur

Les publicités ne doivent pas violer les droits d'autrui, y compris les droits d'auteur, les marques de commerce, la vie privée, la publicité ou d'autres droits personnels ou de propriété intellectuelle. Par exemple, vous ne devez pas utiliser de contenu protégé par des droits d'auteur dans vos publicités à moins d'avoir obtenu l'autorisation nécessaire.

Publicités politiques et questions nationales

Les publicités qui abordent des sujets politiques, des élections ou des questions d'intérêt national doivent respecter des exigences supplémentaires établies par Facebook. Ces publicités sont soumises à des processus de vérification plus rigoureux, et les annonceurs doivent suivre des procédures spécifiques pour être autorisés à diffuser ce type de contenu.

Pratiques publicitaires responsables

Facebook encourage les pratiques publicitaires responsables. Cela signifie que les publicités ne doivent pas promouvoir de comportements ou d'attitudes nuisibles, irresponsables ou qui font la promotion de la haine, de l'intolérance, de la discrimination ou de la violence. Les publicités doivent également être appropriées pour l'audience ciblée, en particulier si elles sont susceptibles d'être vues par des mineurs.

Utilisation de données et transparence

Les annonceurs doivent être transparents sur les informations qu'ils recueillent auprès des utilisateurs. Si vous collectez des données, vous devez informer les utilisateurs, obtenir leur consentement et fournir un moyen de se retirer de la collecte de données. De plus, l'utilisation de ces données doit respecter toutes les lois applicables en matière de protection de la vie privée et de données personnelles.

Conséquences du non-respect

Le non-respect des règles publicitaires de Facebook peut entraîner une série de conséquences. Cela peut aller de la désapprobation de publicités individuelles à la suspension ou même à la suppression permanente de votre compte publicitaire. Dans certains cas, vous pourriez également être soumis à des conséquences légales, en particulier si vos publicités violent la loi.

En conclusion, la maîtrise des règles publicitaires de Facebook est essentielle pour tout media buyer. Non seulement cela garantit que vos campagnes restent actives et efficaces, mais cela protège également votre entreprise contre les conséquences potentiellement graves du non-respect des politiques. En restant informé et en respectant ces lignes directrices, vous pouvez vous concentrer sur la création de campagnes publicitaires qui non seulement atteignent vos objectifs commerciaux mais enrichissent également la communauté Facebook dans son ensemble.

8.2 Comment éviter les désapprobations de publicités

Naviguer dans l'écosystème des publicités Facebook peut être un défi, surtout avec les règles strictes que la plateforme impose à toutes les annonces. Les désapprobations de publicités peuvent être frustrantes, retarder vos campagnes, et dans certains cas, entraîner la suspension de votre compte. Voici comment vous pouvez éviter les désapprobations de publicités et assurer une campagne fluide sur Facebook.

1. Connaître les politiques publicitaires de Facebook : Avant de commencer à créer votre publicité, il est crucial de comprendre les politiques publicitaires de Facebook. Ces règles couvrent une vaste gamme de sujets, y compris la violence, la discrimination, les substances contrôlées, et plus encore. Elles sont conçues pour protéger la plateforme et ses utilisateurs. En ne respectant pas ces directives, vous risquez non seulement la désapprobation, mais aussi la possibilité d'une interdiction permanente.

2. Éviter les allégations sensibles : Facebook a une approche très prudente sur les sujets sensibles. Par exemple, les publicités ne doivent pas insinuer que vous connaissez des détails personnels sur un individu, y compris son état de santé, son statut financier, ou son appartenance ethnique. Évitez les termes qui peuvent être interprétés comme discriminatoires ou qui mettent les utilisateurs mal à l'aise.

3. Prudence avec les produits de santé et de bien-être : Les produits qui promettent une perte de poids ou un changement significatif de l'apparence physique sont particulièrement susceptibles d'être désapprouvés. Assurez-vous que vos publicités soient factuelles, sans promesses exagérées, et que vous puissiez soutenir toutes les allégations avec des preuves solides.

4. Utiliser des images et des textes appropriés : Les images et vidéos choquantes, provocantes ou excessivement violentes seront désapprouvées. De même, le texte de votre publicité doit être exempt de promesses exagérées, de langage potentiellement offensant, et d'erreurs. Les fautes d'orthographe et de grammaire peuvent non seulement nuire à votre crédibilité mais aussi conduire à une désapprobation.

5. Respecter les droits d'auteur et les marques : Utiliser du contenu pour lequel vous n'avez pas les droits peut rapidement entraîner la désapprobation de votre publicité. Cela inclut la musique, les images, les logos, et d'autres formes de contenu protégé. Assurez-vous d'avoir les licences appropriées pour tout le matériel que vous prévoyez d'utiliser.

6. Faire attention aux liens de redirection : Votre publicité doit diriger les utilisateurs vers une destination qui reflète ce que votre annonce promet. Les liens de redirection, les URL trompeuses, ou les sites de phishing entraîneront une désapprobation immédiate. De plus, la page de destination doit être cohérente avec le contenu de votre publicité et ne pas violer les politiques de Facebook.

7. Éviter les sujets interdits et les industries réglementées : Certaines industries sont soumises à des restrictions supplémentaires sur Facebook, comme l'alcool, les jeux de hasard, les services financiers, et les médicaments sur ordonnance. D'autres sont complètement interdites. Familiarisez-vous avec ces nuances pour éviter les violations involontaires.

8. Vérifier les éléments techniques : Les problèmes techniques peuvent également entraîner des désapprobations. Par exemple, les images avec plus de 20% de texte peuvent être désapprouvées. Utilisez l'outil de grille de Facebook pour vérifier vos images avant de soumettre vos publicités. De plus, assurez-vous que tous les boutons de votre publicité fonctionnent, que les formulaires sont accessibles, et que les vidéos se chargent correctement.

9. Réviser et tester vos publicités : Avant de soumettre votre publicité pour examen, vérifiez-la plusieurs fois. Si possible, demandez à quelqu'un d'autre de la revoir pour s'assurer qu'elle respecte les directives. Testez chaque aspect de l'annonce, y compris les liens et les éléments multimédias, pour vous assurer qu'ils fonctionnent correctement.

10. Gérer les désapprobations : Si votre publicité est désapprouvée, vous recevrez généralement une raison de la part de Facebook. Lisez-la attentivement et faites les ajustements nécessaires. Si vous pensez que votre publicité a été injustement désapprouvée, vous pouvez demander un nouvel examen. Assurez-vous de fournir des informations détaillées pour aider les examinateurs à comprendre votre point de vue.

Conclusion :

Éviter les désapprobations de publicités sur Facebook nécessite une compréhension approfondie des politiques de la plateforme et une attention constante aux détails dans vos campagnes. En intégrant ces pratiques dans votre processus de création d'annonces, vous minimiserez les interruptions de vos campagnes publicitaires et maximiserez votre capacité à atteindre votre public cible sur l'une des plateformes les plus populaires au monde.

8.3 Gérer les réclamations et les feedbacks

Gérer les réclamations et les feedbacks dans le cadre de campagnes publicitaires, en particulier sur des plateformes comme Facebook, est crucial. Cela ne concerne pas seulement la satisfaction du client, mais aussi la réputation de votre marque, la qualité de vos publicités et votre conformité aux politiques de la plateforme. Voici comment vous pouvez gérer efficacement les réclamations et les feedbacks :

1. Établir un système de surveillance des feedbacks :

La première étape pour gérer les réclamations et les feedbacks est de les surveiller activement. Sur Facebook, les commentaires, les mentions J'aime, les partages et les messages privés peuvent tous contenir des feedbacks importants.

- Utilisez les outils de Facebook : Facebook fournit des outils pour surveiller les commentaires et les interactions avec vos publicités. Assurez-vous que ces notifications sont activées et surveillez régulièrement les nouvelles activités.

- Outils tiers : Considérez l'utilisation d'outils de gestion de la réputation qui peuvent agréger les feedbacks de plusieurs plateformes, y compris Facebook, pour vous donner une vue d'ensemble.

2. Développer une politique de réponse rapide :

Les utilisateurs de médias sociaux s'attendent à des réponses rapides. Une politique de réponse rapide non seulement montre que vous prenez les préoccupations au sérieux, mais vous permet également de résoudre les problèmes avant qu'ils ne s'aggravent.

- Temps de réponse : Fixez une politique interne pour répondre aux réclamations ou feedbacks négatifs, idéalement dans les 24 heures.

- Formation de l'équipe : Assurez-vous que votre équipe comprend l'importance des réponses rapides et est formée pour gérer divers types de réclamations ou de feedbacks.

3. Traiter les réclamations de manière professionnelle :

Toutes les réclamations doivent être traitées avec sérieux, empathie et professionnalisme. La manière dont vous gérez les réclamations peut avoir un impact significatif sur la perception de votre marque.

- Écoute active : Montrez que vous prenez les préoccupations de votre audience au sérieux. Posez des questions de suivi si nécessaire pour comprendre complètement la réclamation.

- Apologie et résolution : Si une erreur a été commise, admettez-la honnêtement et offrez une solution concrète. Même si vous n'êtes pas d'accord avec la réclamation, présentez des excuses pour toute expérience négative.

- Suivi : Dans les cas de réclamations graves, un suivi est essentiel. Assurez-vous que la solution proposée a été mise en œuvre et que le plaignant est satisfait.

4. Utiliser les feedbacks pour améliorer les publicités :

Les feedbacks, qu'ils soient positifs ou négatifs, sont une mine d'informations. Ils peuvent vous aider à comprendre ce qui résonne avec votre audience et ce qui pourrait être amélioré.

- Analyse des tendances : Recherchez des tendances ou des modèles dans les feedbacks. Y a-t-il des problèmes qui reviennent souvent ? Qu'est-ce que les gens aiment le plus ?

- Ajustements créatifs : Utilisez ces informations pour affiner votre message publicitaire, vos images ou votre ciblage. Parfois, un petit changement peut faire une grande différence en termes de perception et de performance.

- Tests continus : Ne vous contentez pas de changer une publicité une fois ; continuez à tester de nouvelles versions pour voir comment les ajustements affectent les performances et les feedbacks.

5. Maintenir la conformité avec les politiques de Facebook :

Facebook a des règles strictes sur le type de contenu autorisé dans les publicités. Les réclamations des utilisateurs peuvent parfois indiquer que vous avez enfreint une règle, même sans le savoir.

- Revue des politiques : Assurez-vous de bien comprendre les politiques publicitaires de Facebook. Elles changent souvent, donc un examen régulier est nécessaire.

- Audits internes : Faites des audits réguliers de vos publicités pour vous assurer qu'elles sont conformes. Si vous recevez des réclamations sur un certain aspect de votre publicité, vérifiez immédiatement si cela pourrait être une violation des politiques.

- Communication avec Facebook : Si vous êtes signalé ou si votre publicité est refusée, communiquez avec Facebook pour comprendre la raison et savoir ce qui peut être changé. Gardez un ton professionnel et soyez prêt à apporter des modifications selon les besoins.

6. Créer un environnement de feedback positif :

Encouragez les feedbacks positifs et construisez une communauté autour de votre marque. Les utilisateurs qui voient un engagement positif avec une marque sont plus susceptibles de percevoir cette marque de manière positive.

- Engagement proactif : Ne répondez pas seulement aux commentaires négatifs ; engagez-vous avec les commentaires positifs aussi. Remerciez les gens pour leurs compliments et posez des questions pour encourager plus d'interactions.

- Contenu généré par les utilisateurs : Encouragez les clients satisfaits à partager leurs histoires et leurs expériences. Cela peut aider à créer une perception positive de votre marque.

En résumé, la gestion efficace des réclamations et des feedbacks n'est pas seulement une question de résolution de problèmes ; c'est une opportunité d'améliorer vos publicités, de renforcer votre conformité, et de construire une relation positive avec votre audience. Cela nécessite une surveillance constante, une réaction rapide, et une volonté d'utiliser les feedbacks comme un outil d'amélioration continue.

8.4 Meilleures pratiques pour une stratégie publicitaire éthique

Dans le monde dynamique et souvent imprévisible du marketing digital, adhérer à une stratégie publicitaire éthique n'est pas seulement une question de conformité légale, mais aussi un pilier de la responsabilité et de la réputation d'une entreprise. L'éthique dans la publicité englobe une multitude de pratiques, allant de la transparence totale à la protection des consommateurs. Voici un guide détaillé des meilleures pratiques pour maintenir l'éthique dans vos stratégies publicitaires, en particulier en ce qui concerne l'utilisation de Facebook Ads.

1. Transparence et Honnêteté:
La base de toute stratégie publicitaire éthique est la transparence. Les consommateurs d'aujourd'hui sont bien informés et sensibles aux moindres signes de tromperie.

- Publicité claire : Évitez le "clickbait" et les affirmations trompeuses. Assurez-vous que toute réclamation dans vos annonces peut être soutenue par des faits concrets. Par exemple, si vous annoncez une réduction de prix, les conditions doivent être clairement énoncées.

- Divulgation complète : Si vous utilisez des affiliés ou des partenaires pour promouvoir vos produits, ou si vos publications sont sponsorisées, cela doit être clairement indiqué. La FTC (Federal Trade Commission) a des lignes directrices strictes concernant la divulgation des relations entre annonceurs et affiliés.

2. Respect de la vie privée:
Avec les scandales de violation de données faisant régulièrement la une des journaux, le respect de la vie privée est devenu un sujet brûlant.

- Utilisation des données : Soyez transparent sur les données que vous collectez, comment elles sont utilisées, et offrez un moyen facile pour les utilisateurs de contrôler leurs informations. Cela inclut le respect des réglementations telles que le

RGPD en Europe et le CCPA en Californie, qui donnent aux individus un contrôle considérable sur leurs données personnelles.

- Ciblage responsable : Lors de l'utilisation de Facebook Ads, vous avez accès à des outils de ciblage détaillés. Utilisez ces outils de manière éthique. Évitez les pratiques telles que le ciblage excessivement intrusif ou l'exploitation des vulnérabilités des utilisateurs (par exemple, cibler des personnes en période de faiblesse émotionnelle).

3. Inclusivité et Diversité:
La représentation compte, et vos publicités doivent refléter la diversité de votre public.

- Représentation équitable : Utilisez des images, des messages et des scénarios qui incluent divers groupes de personnes, évitant les stéréotypes nuisibles ou les clichés. Cela renforce non seulement la relation avec divers segments de marché, mais démontre aussi un engagement social.

- Accessibilité : Vos publicités doivent être accessibles à tous, y compris les personnes handicapées. Par exemple, utilisez des sous-titres pour les vidéos ou des descriptions audio pour le contenu visuel.

4. Protection des groupes vulnérables:

Certaines audiences, comme les enfants, nécessitent une attention particulière en raison de leur vulnérabilité aux messages publicitaires.

- Contenu approprié : Assurez-vous que votre contenu est approprié pour l'audience que vous ciblez. Évitez les contenus qui pourraient être considérés comme préjudiciables ou inappropriés pour les enfants, même si votre produit n'est pas spécifiquement destiné à eux.

- Consentement parental : Respectez les lois qui exigent le consentement parental pour collecter des données ou effectuer des ventes auprès de mineurs.

5. Éviter les fausses urgences:
Créer un sentiment d'urgence peut être une tactique efficace, mais elle doit être utilisée honnêtement.

- Offres limitées : Si vous annoncez une vente ou une offre spéciale, assurez-vous que l'urgence est réelle. Ne prétendez pas que quelque chose est en quantité limitée si ce n'est pas le cas.

- Honnêteté dans les promotions : Ne manipulez pas les prix ou les offres pour créer une fausse impression de valeur ou d'urgence.

6. Responsabilité sociale et environnementale:
Les consommateurs sont de plus en plus conscients des impacts sociaux et environnementaux des entreprises.

- Pratiques durables : Si votre entreprise s'engage dans des pratiques durables ou sociales, c'est formidable. Cependant, assurez-vous que ces affirmations sont véridiques pour éviter le "greenwashing" ou des exagérations similaires concernant votre impact.

- Engagement communautaire : Montrez votre engagement envers les communautés que vous servez. Cela peut inclure des partenariats avec des organisations locales, des initiatives de bénévolat, ou des dons à des causes.

En conclusion, une stratégie publicitaire éthique nécessite une réflexion et une attention constantes. Elle n'est pas seulement bénéfique pour la réputation de votre entreprise, mais elle renforce également la confiance des consommateurs, ce qui peut conduire à une fidélité à long terme. En respectant ces meilleures pratiques, vous vous assurez que votre entreprise ne se contente pas de vendre des produits, mais sert également ses clients de manière responsable et respectueuse.

Module 9 : Au-delà de Facebook - Intégration Multicanale

9.1 Comprendre le parcours du client multicanal

Le parcours du client multicanal fait référence à la trajectoire suivie par les consommateurs à travers divers points de contact avant de réaliser un achat. Ces points de contact peuvent inclure des sites web, des réseaux sociaux, des applications mobiles, des magasins physiques, et plus encore. Comprendre ce parcours est essentiel pour les media buyers, car cela leur permet de créer des campagnes plus efficaces qui engagent les clients à chaque étape de leur parcours.

1. La complexité du parcours client moderne :

Auparavant, le parcours du client était relativement linéaire, allant de la découverte à la considération, puis à l'achat. Cependant, l'ère numérique a transformé ce parcours en un processus multidimensionnel. Les clients peuvent désormais interagir avec une marque de multiples façons, souvent simultanément, via différents appareils et plateformes. Par exemple, un client peut voir une publicité pour un produit sur Facebook, lire des avis sur des blogs, regarder des vidéos de démonstration sur YouTube, et enfin, cliquer sur une annonce Google pour effectuer l'achat.

Cette complexité signifie que les marques doivent être présentes et cohérentes sur plusieurs plateformes, offrant une expérience fluide et intégrée. Les media buyers doivent reconnaître que chaque point de contact est une opportunité de faire avancer le consommateur dans l'entonnoir de conversion.

2. L'importance de la cohérence de la marque :

La cohérence est la clé du succès dans un environnement multicanal. Les clients s'attendent à une expérience de marque uniforme, que ce soit en magasin, en ligne, sur une application mobile ou via les réseaux sociaux. Cela inclut la cohérence dans le design, le ton, le message et le service. Une expérience client fragmentée peut entraîner une perte de confiance et de confusion, nuisant potentiellement à la relation client-marque.

Pour les media buyers, cela signifie concevoir des campagnes qui maintiennent la personnalité et les promesses de la marque à travers tous les canaux. Les éléments visuels, les copies publicitaires, et même les offres promotionnelles doivent être cohérents pour renforcer la reconnaissance et la fidélité à la marque.

3. L'analyse des données et l'attribution multicanale :

L'un des plus grands défis du parcours client multicanal est de comprendre quels points de contact influencent le plus la décision d'achat. Est-ce que c'était la vidéo YouTube, l'annonce sur Facebook, ou le moteur de recherche qui a eu le plus grand impact ? Cette compréhension est cruciale pour allouer correctement le budget publicitaire.

Les media buyers doivent utiliser l'analyse des données pour suivre les interactions des clients à travers les canaux et comprendre leur comportement. Les outils d'attribution multicanale peuvent aider à identifier les points de contact qui mènent à une conversion, permettant aux publicitaires d'optimiser les campagnes pour de meilleurs retours sur investissement.

4. La personnalisation de l'expérience client :

Dans un monde où les consommateurs sont bombardés de publicités, la personnalisation est un moyen de se démarquer. En utilisant les données recueillies à travers les différents canaux, les marques peuvent créer des messages publicitaires sur mesure qui résonnent sur un niveau personnel. Cela peut inclure des recommandations de produits basées sur les habitudes d'achat, des offres spéciales ciblées, ou des contenus qui répondent aux intérêts individuels.

Pour les media buyers, la personnalisation implique une compréhension approfondie des segments de marché et des personas des clients. Ils doivent être capables de créer des campagnes qui parlent directement aux désirs et aux besoins des consommateurs, en utilisant le bon canal au bon moment.

5. L'intégration technologique :

Finalement, réussir dans un environnement multicanal nécessite souvent une intégration technologique. Les systèmes de gestion de la relation client (CRM), les plateformes de gestion des données (DMP), et les technologies publicitaires doivent travailler ensemble pour fournir une vue unifiée du client. Cela permet une segmentation plus précise, un ciblage amélioré, et une mesure plus précise de la performance des campagnes.

Pour les media buyers, cela signifie souvent travailler avec des équipes interfonctionnelles et des partenaires technologiques pour s'assurer que l'intégration est bien gérée. Cela peut également impliquer de rester à jour avec les dernières technologies et tendances qui peuvent offrir de nouvelles opportunités pour améliorer l'efficacité des campagnes.

En résumé, le parcours du client multicanal est un élément dynamique du marketing moderne. Il offre de multiples opportunités pour engager les clients, mais nécessite une approche cohérente, data-driven, et centrée sur le client. Les media buyers, armés de la bonne stratégie, des outils et des données, sont en position de force pour guider les marques vers des campagnes réussies qui résonnent à travers les canaux et conduisent à des conversions plus élevées.

9.2 Intégration avec Instagram Ads

Dans le paysage numérique actuel, la capacité à mener des campagnes publicitaires multicanal est essentielle pour toucher efficacement votre public cible. Alors que Facebook reste une plateforme puissante, Instagram s'est révélé être un canal indispensable dans toute stratégie de marketing numérique. L'intégration avec Instagram Ads offre aux entreprises une opportunité unique de tirer parti des visuels frappants et de l'engagement élevé de la plateforme. Examinons de plus près comment intégrer Instagram Ads dans votre stratégie publicitaire.

Comprendre Instagram en tant que Plateforme Unique

Instagram, bien qu'appartenant à Facebook, offre un environnement unique et des capacités distinctes pour les annonceurs. Avec plus d'un milliard d'utilisateurs actifs, Instagram est particulièrement populaire parmi les jeunes générations. La plateforme est hautement visuelle, avec un accent sur les photos, vidéos, et récemment, le contenu en format court via Instagram Reels.

La première étape de l'intégration est de comprendre le comportement des utilisateurs sur Instagram. Les utilisateurs interagissent différemment avec le contenu sur Instagram par rapport à Facebook. Ils sont plus enclins à partager des expériences visuelles, à suivre des influenceurs, et à engager avec des marques qui proposent un contenu esthétiquement agréable et engageant.

Synchronisation avec Facebook Ads Manager

L'un des principaux avantages de la publicité sur Instagram est sa synchronisation transparente avec Facebook Ads Manager. Cela signifie que vous pouvez créer, gérer, et suivre des campagnes pour les deux plateformes depuis un seul endroit. Pour commencer, vous devez connecter votre compte Instagram à votre Page Facebook via le Business Manager. Une fois connecté, vous aurez accès à des outils robustes et des insights partagés par Facebook et Instagram.

Création de Publicités Optimisées pour Instagram

Bien que géré via le même système, le contenu de vos annonces doit être optimisé pour Instagram. Voici quelques éléments clés à considérer :

1. **Format Visuel :** Instagram met l'accent sur l'esthétique. Optez pour des images de haute qualité, des vidéos créatives, et utilisez les formats uniques d'Instagram comme les Stories, IGTV, et Reels pour vos annonces.

2. **Contenu Bref et Impactant :** Les légendes sur Instagram sont souvent moins formelles et plus concises que sur Facebook. Votre message doit être direct et engageant, incitant les utilisateurs à agir rapidement.

3. **Utilisation des Hashtags :** Les hashtags sont cruciaux sur Instagram. Ils peuvent augmenter la portée de vos annonces, vous aider à atteindre une audience ciblée, et vous intégrer dans des conversations spécifiques de la communauté.

Ciblage et Segmentation

Utiliser les données de Facebook pour le ciblage sur Instagram est une stratégie efficace grâce à la grande quantité de données démographiques et comportementales disponibles. Vous pouvez créer des audiences personnalisées et lookalike similaires à celles que vous utilisez sur Facebook, mais n'oubliez pas que l'engagement sur Instagram peut suivre des tendances différentes. Analysez les insights spécifiques à Instagram pour ajuster votre ciblage.

Mesure et Optimisation des Campagnes

La clé du succès continu est l'analyse des performances de vos campagnes. Grâce à l'intégration avec Facebook, vous pouvez suivre les métriques de vos annonces Instagram directement depuis Facebook Ads Manager. Surveillez des indicateurs clés tels que l'engagement, le coût par action, et le retour sur dépenses publicitaires (ROAS).

Il est également crucial d'effectuer des tests A/B avec vos annonces Instagram, en modifiant des variables comme l'imagerie, les appels à l'action, et le ciblage d'audience pour déterminer quelles stratégies résonnent le mieux avec votre public Instagram.

Stratégies Avancées : Influencers et Contenu Généré par l'Utilisateur (UGC)

Instagram est la plateforme de choix pour les influenceurs. Envisagez des partenariats avec des influenceurs pour donner plus d'authenticité à votre marque. Les publicités qui présentent des influenceurs ou UGC tendent à avoir un taux d'engagement plus élevé, car elles s'intègrent naturellement dans le flux de contenu des utilisateurs.

De plus, exploitez la fonctionnalité de shopping d'Instagram si vous êtes une entreprise de e-commerce. Taguer des produits dans vos publications et stories peut considérablement raccourcir le parcours d'achat du consommateur.

Conclusion

L'intégration d'Instagram dans votre stratégie multicanale élargit votre portée et pénètre des segments de marché que Facebook seul pourrait ne pas toucher. Cependant, une approche efficace nécessite une compréhension approfondie de ce qui rend Instagram unique et une capacité à adapter votre contenu et vos stratégies publicitaires en conséquence. En synchronisant vos efforts publicitaires sur Facebook et Instagram, vous pouvez créer une expérience de marque cohérente, tout en optimisant chaque plateforme pour ses forces spécifiques.

9.3 Utilisation de la publicité multiplateforme

Dans le paysage numérique en constante évolution, la publicité multiplateforme est devenue une nécessité pour les marques cherchant à maximiser leur visibilité et leur engagement auprès des consommateurs. Alors que Facebook reste un géant dans l'espace publicitaire en ligne, se limiter à une seule plateforme est une opportunité manquée. L'intégration multicanale offre une approche plus holistique, permettant aux marques de rencontrer leurs clients potentiels là où ils passent le plus clair de leur temps en ligne.

Comprendre la publicité multiplateforme

La publicité multiplateforme fait référence à l'utilisation simultanée de plusieurs canaux numériques pour promouvoir des produits ou services. Au lieu de se concentrer sur un seul environnement publicitaire, les marques peuvent utiliser une combinaison de Facebook, Instagram, LinkedIn, Twitter, Pinterest, Snapchat, et même des plateformes de streaming vidéo comme YouTube, pour diffuser leurs messages marketing.

Cette stratégie est cruciale car les consommateurs d'aujourd'hui naviguent sur plusieurs plateformes. Par exemple, une personne peut découvrir un produit sur Facebook, lire des critiques sur un blog, regarder une vidéo de démonstration sur YouTube, puis décider de l'achat. Si votre marque est présente à chaque étape de ce parcours, vous augmentez vos chances de conversion.

Avantages de la publicité multiplateforme

1. Portée améliorée : En utilisant plusieurs plateformes, vous augmentez le nombre de personnes que vous pouvez atteindre. Chaque plateforme a un public unique avec peu de chevauchements. En étant présent sur plusieurs plateformes, vous vous assurez que plus de personnes voient votre message.

2. Engagement accru : Les utilisateurs interagissent différemment avec chaque plateforme. Certains peuvent ignorer une annonce sur Facebook mais cliquer sur une publicité similaire sur Twitter. La présence sur plusieurs plateformes vous permet de capturer l'engagement là où il est le plus élevé pour votre audience cible.

3. Données et insights : Chaque plateforme offre des données précieuses. En analysant les performances à travers les plateformes, vous pouvez obtenir une compréhension plus profonde de votre audience et de ce qui fonctionne ou ne fonctionne pas.

4. Optimisation du budget : Vous pouvez répartir votre budget publicitaire entre les plateformes en fonction des performances. Si une plateforme ne donne pas de bons résultats, vous pouvez réallouer ce budget vers celles qui performent mieux.

Mise en œuvre de la publicité multiplateforme

1. Analyse de l'audience : Identifiez où votre public cible passe son temps en ligne. Quelles plateformes utilisent-ils ? Où sont-ils les plus engagés ? Utilisez les outils d'analyse disponibles sur les plateformes publicitaires pour obtenir ces informations.

2. Message cohérent : Votre message doit être cohérent sur toutes les plateformes, mais adapté au style de chaque plateforme. Par exemple, ce qui fonctionne sur LinkedIn peut ne pas être approprié pour Instagram. Adaptez votre message tout en maintenant un thème de marque cohérent.

3. Création de contenu adapté : Chaque plateforme a ses propres spécifications pour le contenu. Instagram et Pinterest sont visuellement orientés, tandis que LinkedIn est plus professionnel. Créez du contenu qui résonne avec les utilisateurs de chaque plateforme.

4. Suivi et analyse : Utilisez des pixels de suivi, des URL uniques, et des codes promotionnels pour suivre les performances de vos publicités sur chaque plateforme. Analysez ces données pour comprendre quelles plateformes offrent le meilleur retour sur investissement.

5. Ajustements en temps réel : Ne "définissez pas et oubliez pas" votre publicité. Surveillez les performances en temps réel et faites des ajustements. Cela peut signifier l'arrêt d'une campagne sous-performante sur une plateforme ou l'augmentation du budget sur une autre qui surperforme.

Défis de la publicité multiplateforme

1. Complexité de la gestion : Gérer des campagnes sur plusieurs plateformes peut être complexe. Chaque plateforme a ses propres systèmes de gestion de campagne, et les passer en revue individuellement peut être fastidieux.

2. Incohérence des données : Les différentes plateformes peuvent présenter des données de manière différente, ce qui rend difficile la comparaison des performances de manière homogène.

3. Coûts potentiellement élevés : Si elle n'est pas gérée correctement, la publicité multiplateforme peut être coûteuse. Un suivi attentif est nécessaire pour s'assurer que le budget est dépensé efficacement.

Pour surmonter ces défis, les entreprises peuvent utiliser des outils tiers de gestion de la publicité multiplateforme qui centralisent la gestion des campagnes et la collecte de données, permettant une vision unifiée des performances et un ajustement plus facile des campagnes.

En conclusion, la publicité multiplateforme, lorsqu'elle est mise en œuvre correctement, peut offrir une portée, un engagement, et des conversions accrus. Elle permet aux marques de rencontrer leurs clients là où ils sont et de raconter leur histoire de manière plus engageante et convaincante. Bien qu'elle présente des défis, les avantages en termes de visibilité de la marque et de retour sur investissement sont indéniables.

9.4 Mesurer le succès à travers différents canaux

Dans le paysage numérique actuel, la capacité à orchestrer une stratégie marketing multicanale est cruciale pour toute entreprise cherchant à maximiser son impact auprès des consommateurs. Alors que les individus naviguent sur diverses plateformes, la cohérence et la complémentarité des messages publicitaires deviennent essentielles. Cependant, l'un des défis les plus importants de cette approche est la mesure du succès à travers différents canaux. Comprendre comment évaluer efficacement les performances est essentiel pour ajuster les stratégies et assurer le meilleur retour sur investissement (ROI).

1. Importance de la mesure multicanale

Dans un monde parfait, les clients verraient une annonce, cliqueraient dessus, et effectueraient un achat immédiat. Cependant, le parcours client est rarement aussi linéaire, surtout avec la multitude de points de contact disponibles. Ils peuvent voir une annonce sur Facebook, rechercher la marque sur Google, puis finaliser l'achat après avoir reçu un e-mail.

Cela rend la mesure du succès plus complexe, car il faut considérer l'impact de chaque canal sur les décisions finales des consommateurs. Sans une compréhension claire de la performance multicanale, les entreprises risquent d'attribuer incorrectement le succès à certains canaux, entraînant une allocation inefficace des budgets marketing.

2. Attribution et modèles d'attribution

L'attribution est le processus permettant d'identifier les événements ou actions qui contribuent à un résultat souhaité, et de leur attribuer une valeur. Dans le marketing multicanal, cela signifie comprendre quels points de contact influencent les consommateurs à prendre des décisions, et dans quelle mesure.

Il existe plusieurs modèles d'attribution, chacun avec ses avantages et inconvénients :

- **Attribution linéaire** : Ce modèle attribue une valeur égale à chaque point de contact le long du parcours client. Bien qu'il reconnaisse l'importance de chaque canal, il ne distingue pas l'impact relatif de chacun.

- **Attribution en U (ou basée sur la position)** : Ici, plus de crédit est accordé aux premiers et derniers points de contact, souvent le premier clic et le clic de conversion, reconnaissant leur importance dans l'initiation et la conclusion de la conversion.

- **Attribution par décomposition temporelle** : Ce modèle donne plus de crédit aux points de contact les plus proches de la conversion, sur la base de l'idée que les actions les plus récentes sont probablement les plus influentes.

- **Attribution basée sur les données** : Utilisant des algorithmes avancés et l'apprentissage automatique, ce modèle analyse toutes les interactions et leurs circonstances pour attribuer le crédit de manière plus organique et individualisée.

Chaque modèle a sa place, et le meilleur choix dépend souvent des spécificités de l'entreprise et de ses parcours clients.

3. Utilisation de la technologie pour suivre et mesurer

Des outils avancés sont nécessaires pour suivre les interactions des clients sur les différents canaux. Les plateformes d'analyse multicanale, comme Google Analytics, Adobe Analytics, et d'autres, permettent aux entreprises de suivre les parcours des clients à travers les canaux et les appareils.

Ces outils peuvent montrer comment un client est passé d'une annonce Facebook à un e-mail marketing, puis à un achat sur un site web. Ils aident également à identifier les tendances, comme les canaux qui réussissent le mieux à attirer les clients ou à sceller la conversion.

4. Analyse et prise de décision basée sur les données

Collecter des données n'est que la première étape. L'analyse approfondie est où les véritables insights et la valeur sont trouvés. Les spécialistes du marketing doivent examiner les données pour comprendre quelles combinaisons de canaux fonctionnent le mieux, quels points de contact sont les plus efficaces, et où il y a des points de friction ou des abandons dans le parcours client.

Ces informations permettent une prise de décision éclairée. Par exemple, si les données montrent que de nombreux clients cliquent sur une annonce Facebook mais abandonnent après avoir visité le site web, cela pourrait indiquer un problème avec la page de destination ou le message publicitaire.

5. Tests et optimisations

Enfin, une stratégie multicanale efficace implique des tests continus et des ajustements. Les spécialistes du marketing devraient expérimenter avec différents messages, designs, et combinaisons de canaux pour voir ce qui résonne le plus avec leur audience.

Les tests A/B peuvent être particulièrement utiles ici, en comparant deux versions d'une campagne pour voir laquelle performe le mieux. L'optimisation continue, basée sur des données réelles et des tests rigoureux, est la clé pour améliorer les performances et le ROI.

Conclusion

Mesurer le succès dans une stratégie de marketing multicanal n'est pas une tâche facile, mais c'est un élément crucial pour comprendre l'efficacité des efforts marketing. En adoptant une approche structurée, en utilisant la technologie adéquate, en analysant profondément les données, et en s'engageant dans une amélioration continue, les entreprises peuvent non seulement mieux comprendre leur impact actuel mais aussi découvrir des opportunités pour influencer plus efficacement les parcours des clients à l'avenir.

Module 10 : Études de Cas et Scénarios Réels

10.1 Analyse de campagnes réussies

Dans cette section, nous plongeons dans l'analyse de campagnes Facebook Ads qui se sont distinguées par leur succès. Comprendre les éléments clés qui ont contribué à la réussite de ces campagnes vous fournira des insights précieux et des stratégies applicables à vos propres initiatives publicitaires.

1. Campagne de lancement de produit avec un ciblage précis

La première étude de cas concerne une start-up dans le domaine de la technologie qui a lancé un nouveau produit et a utilisé Facebook Ads pour atteindre une niche spécifique. La campagne a utilisé des vidéos démonstratives du produit, mettant en avant son utilité et son innovation.

Points clés de la réussite :

- Ciblage détaillé : L'entreprise a effectué des recherches approfondies pour comprendre son audience cible, en utilisant des données démographiques, des centres d'intérêt spécifiques et des comportements d'achat en ligne. Le ciblage était si spécifique qu'il excluait ceux qui n'avaient pas montré un intérêt préalable pour des produits similaires ou complémentaires.

- Contenu engageant : La vidéo utilisée n'était pas simplement promotionnelle ; elle était informative, divertissante et facile à comprendre. Elle a expliqué le problème que le produit résolvait de manière relatable, créant ainsi une connexion émotionnelle.

- Appel à l'action clair : La campagne a utilisé un appel à l'action (CTA) très clair, invitant les utilisateurs à en savoir plus sur le produit, ce qui a conduit à une page de destination optimisée pour les conversions.

Résultats : Un retour sur investissement publicitaire (ROAS) de 6x, une augmentation significative de la notoriété de la marque et une communauté engagée prête à acheter le produit.

2. Campagne de génération de leads pour un service B2B

Un consultant en gestion d'entreprise a lancé une campagne de génération de leads visant à attirer de nouveaux clients pour ses webinaires. La campagne a utilisé des articles riches en informations, des témoignages et un guide gratuit comme incitatif pour s'inscrire.

Points clés de la réussite :

- **Offre de valeur** : Plutôt que de demander directement la vente, la campagne a offert une valeur immense à travers un guide gratuit et des sessions d'information, en échange des détails de contact.

- **Preuve sociale** : L'utilisation de témoignages a ajouté une couche de confiance, montrant aux prospects potentiels le type de résultats qu'ils pourraient attendre.

- **Suivi automatisé** : Une fois le lead généré, une séquence de courriels automatisée a été mise en place, fournissant plus de valeur et établissant une relation, conduisant à une vente douce du webinaire.

Résultats : Un coût par lead (CPL) inférieur de 30% à la moyenne de l'industrie, un taux de conversion des leads aux clients de 14%, et une perception accrue de l'autorité dans son domaine.

3. Campagne de commerce électronique pour une ligne de vêtements

Notre dernière étude de cas est une marque de mode qui a utilisé une stratégie de publicité multi-niveaux pour attirer, engager et convertir les clients. Ils ont utilisé des publicités dynamiques, du retargeting, et ont intégré une forte composante UGC (contenu généré par les utilisateurs).

Points clés de la réussite :

- Publicités dynamiques : En utilisant les publicités dynamiques de Facebook, la marque a pu présenter des produits pertinents basés sur le comportement de navigation des utilisateurs, rendant chaque publicité extrêmement pertinente pour l'individu.

- Stratégie de retargeting : Ils ont mis en œuvre une stratégie de retargeting robuste pour les visiteurs qui n'ont pas effectué d'achat, en utilisant à la fois des remises incitatives et en montrant le produit sous différents angles ou dans différents contextes.

- Utilisation de l'UGC : En intégrant des photos et des avis de clients réels portant leurs produits, la marque a pu créer une preuve sociale et une relatabilité, augmentant la confiance et l'engagement envers la marque.

Résultats : Un ROAS de 7x, un taux de conversion de 9% pour les visiteurs du site web, et une augmentation de 40% des ventes répétées.

Conclusion :

Ces campagnes réussies partagent plusieurs stratégies clés : elles comprennent profondément leur audience, offrent une valeur réelle, utilisent le contenu de manière stratégique, et optimisent en fonction des données. En analysant ces études de cas, nous pouvons tirer des leçons sur la manière de structurer nos propres campagnes, en mettant l'accent sur l'engagement du client, la pertinence du contenu, et l'utilisation intelligente de la technologie publicitaire disponible.

10.2 Comprendre les erreurs courantes et comment les éviter

Dans le domaine complexe et dynamique du media buying, en particulier dans l'écosystème de Facebook Ads, même les professionnels les plus expérimentés peuvent tomber dans des pièges courants. Comprendre ces erreurs - souvent mises en lumière par des études de cas réelles - peut non seulement vous éviter des dépenses inutiles mais aussi optimiser la portée et l'efficacité de vos campagnes publicitaires.

1. Ciblage trop large ou trop étroit

Une erreur fréquente est un ciblage d'audience mal défini. Si votre ciblage est trop large, vous risquez de dépenser votre budget sur des personnes peu susceptibles de s'intéresser à votre offre. À l'inverse, un ciblage trop étroit peut limiter votre portée et vous empêcher de découvrir des segments d'audience potentiellement rentables.

Comment éviter cette erreur : Utilisez les données démographiques, les centres d'intérêt et les comportements pour créer plusieurs ensembles d'audiences personnalisées. Testez-les pour déterminer lesquelles convertissent le mieux. N'oubliez pas d'utiliser également les outils de "lookalike audience" de Facebook pour atteindre des personnes similaires à votre audience actuelle.

2. Ignorer l'importance du contenu créatif

Le contenu de vos publicités est ce que les utilisateurs voient en premier. Utiliser des images de faible qualité, des copies mal écrites, ou des appels à l'action (CTA) peu clairs peut entraîner une faible performance de la campagne.

Comment éviter cette erreur : Investissez dans des visuels de haute qualité et des copies convaincantes qui parlent directement aux points sensibles et aux désirs de votre audience. Testez différents formats (image, vidéo, carrousel) pour voir ce qui résonne le mieux avec votre public. Assurez-vous que votre CTA est clair, convaincant et incite à une action immédiate.

3. Négliger l'A/B Testing

Beaucoup de campagnes échouent parce qu'elles reposent sur des suppositions plutôt que sur des données. Sans tester différentes versions de vos publicités, vous ne saurez jamais vraiment ce qui fonctionne le mieux.

Comment éviter cette erreur : Implémentez des tests A/B pour tous les aspects de vos publicités, y compris les visuels, les copies, les CTA et même les audiences. Analysez les performances pour comprendre ce qui attire votre audience et optimisez en conséquence.

4. Manque de suivi et d'optimisation

Lancer une campagne et la laisser fonctionner sans surveillance est une recette pour le gaspillage du budget. Les performances peuvent fluctuer en fonction de nombreux facteurs, et ne pas réagir à ces changements peut être préjudiciable.

Comment éviter cette erreur : Utilisez les outils d'analyse de Facebook pour suivre les performances de vos campagnes en temps réel. Surveillez les indicateurs clés de performance (KPI) et soyez prêt à ajuster les budgets, les audiences, ou les créatifs en fonction des résultats. L'optimisation continue est la clé du succès.

5. Mauvaise compréhension des KPIs

Se concentrer sur les mauvais KPIs peut donner une impression trompeuse du succès. Par exemple, s'attarder sur les "J'aime" ou les commentaires plutôt que sur les conversions réelles peut détourner des objectifs commerciaux réels.

Comment éviter cette erreur : Avant de lancer une campagne, définissez clairement ce que vous considérez comme une conversion (achat, inscription, lead, etc.) et concentrez votre suivi et votre analyse sur ces actions. Utilisez les données pour comprendre le parcours complet du client, pas seulement l'interaction initiale.

6. Ignorer les règles de Facebook

Facebook a des règles publicitaires strictes. Le non-respect de ces règles peut entraîner la désactivation de vos publicités, voire de votre compte.

Comment éviter cette erreur : Familiarisez-vous avec les politiques publicitaires de Facebook. Restez à jour avec les changements de règles, car ils peuvent évoluer. Si votre publicité est refusée, ne réessayez pas simplement de la publier ; comprenez la raison du refus et apportez les modifications nécessaires.

7. Négliger la landing page

Votre publicité peut être parfaite, mais si elle envoie les utilisateurs vers une page de destination non pertinente, mal conçue, ou lente, vos efforts seront vains.

Comment éviter cette erreur : Assurez-vous que votre page de destination est cohérente avec votre message publicitaire. Elle doit être optimisée pour les conversions, avec un message clair et un appel à l'action évident. Testez également la

...formance de la page en termes de temps de chargement et d'expérience utilisateur.

En résumé, éviter ces erreurs courantes nécessite une stratégie bien pensée, une exécution minutieuse, et une volonté d'ajuster en fonction des données réelles. En étudiant ces scénarios et en appliquant ces meilleures pratiques, vous pouvez non seulement éviter les pièges courants mais aussi tirer le meilleur parti de votre budget publicitaire sur Facebook.

10.3 Scénarios pratiques : De la création à l'optimisation

Dans cette section, nous allons explorer des scénarios pratiques qui couvrent tout le processus de gestion des campagnes publicitaires sur Facebook, de la création à l'optimisation. Ces étapes pratiques sont cruciales pour comprendre non seulement la théorie derrière le media buying mais aussi l'application réelle des stratégies et outils discutés dans les modules précédents.

Scénario 1: Lancement d'un nouveau produit lifestyle

Contexte : Vous travaillez pour une entreprise qui lance un nouveau produit dans le secteur du lifestyle. Votre objectif est de créer une prise de conscience et de l'intérêt autour de ce produit, ciblant les millennials dans les grandes villes.

Création :

1. Recherche et segmentation de l'audience : Utilisez les données démographiques, les centres d'intérêt et les comportements sur Facebook pour cibler les millennials intéressés par le lifestyle, la mode et les tendances. Créez des audiences personnalisées basées sur les interactions précédentes avec votre site web.

2. Conception de la publicité : Développez des visuels accrocheurs et du contenu rédactionnel qui résonne avec l'esthétique lifestyle des millennials. Utilisez des images haute résolution du produit, éventuellement dans un cadre urbain chic. Le message doit être concis, avec un appel à l'action clair comme "Shop Now" ou "Discover".

3. Définition du budget et des enchères : Établissez un budget qui permet un bon volume de impressions pour générer de la notoriété. Optez pour une stratégie d'enchères axée sur la portée au début, puis ajustez pour des conversions spécifiques à mesure que la campagne progresse.

Optimisation :

1. Suivi et analyse : Utilisez Facebook Analytics pour suivre les performances. Surveillez les KPIs clés comme le CTR (Click-Through Rate), le CPA ost Per Acquisition), et le ROAS (Return On Advertising Spend).

2. A/B Testing : Testez différentes versions de votre annonce (images, copy, CTA) pour déterminer quelle version donne le meilleur ROI. Ajustez vos audiences en fonction des données démographiques qui interagissent le plus et convertissent.

3. Ajustements et échelle : Sur la base des données recueillies, réallouez le budget vers les ensembles de publicités et les segments d'audience les plus performants. Explorez l'expansion géographique en ciblant d'autres villes avec des profils d'audience similaires.

Scénario 2: Augmentation des installations d'une nouvelle application mobile

Contexte : Une start-up technologique souhaite promouvoir sa nouvelle application mobile. L'objectif est d'obtenir des installations et des utilisateurs actifs.

Création :

1. Ciblage d'audience : Concentrez-vous sur les utilisateurs de smartphones, en particulier ceux qui ont montré un intérêt pour des applications similaires. Utilisez le ciblage géographique si l'application est destinée à des régions spécifiques.

2. Création de la publicité : Les visuels doivent clairement montrer l'application en action, idéalement via une vidéo ou des captures d'écran interactives. L'appel à l'action doit être un incitatif clair pour télécharger, comme "Install Now" avec une redirection directe vers les stores.

3. Budget et enchères : Définissez un budget quotidien confortable et choisissez une stratégie d'enchères axée sur les conversions, en vous assurant que Facebook sait que la conversion souhaitée est l'installation de l'application.

Optimisation :

1. Analyse des métriques : Surveillez le CPI (Cost Per Install) et le pourcentage d'utilisateurs actifs par rapport aux installations. Utilisez les outils d'analyse de Facebook pour suivre les parcours des utilisateurs après avoir vu la publicité.

2. Testez et apprenez : Faites des tests A/B avec différents éléments visuels, descriptifs de l'application, et appels à l'action. Analysez quelles combinaisons conduisent à plus d'installations et d'engagement.

3. Réajustement de la stratégie : Si certaines régions ou démographies montrent de meilleurs taux de conversion, réallouez plus de budget pour ces segments. Retirez les versions de publicités sous-performantes et augmentez l'investissement dans les hauts performers.

Conclusion :

Ces scénarios pratiques illustrent l'importance de la flexibilité et de l'analyse continue dans la gestion des campagnes Facebook Ads. Un media buyer efficace ne se contente pas de mettre en place une campagne, mais surveille, teste, apprend et optimise constamment pour assurer le succès à long terme. En maîtrisant ces compétences pratiques, vous serez en mesure de conduire des campagnes performantes, indépendamment du secteur ou de l'objectif publicitaire.

10.4 Atelier : Créez votre propre campagne de A à Z

Dans cette section, nous allons concrétiser tout ce que vous avez appris grâce à un atelier pratique. Vous allez créer votre propre campagne publicitaire sur Facebook, de la conception à l'analyse des résultats. Cet exercice vous permettra de comprendre le processus dans son ensemble, d'identifier les éventuels défis et de prendre des décisions éclairées basées sur des données réelles.

Étape 1 : Définition des Objectifs

Toute campagne efficace commence par la définition d'objectifs clairs. Voulez-vous générer des ventes, des inscriptions à une newsletter, ou augmenter la notoriété de votre marque ? Soyez aussi spécifique que possible. Par exemple, "Augmenter les ventes de l'e-book X de 20% en un mois" ou "Obtenir 100 nouvelles inscriptions à notre webinar en deux semaines".

Étape 2 : Compréhension de l'Audience

Identifiez qui vous voulez atteindre. Utilisez les données démographiques, les intérêts, le comportement en ligne, et toute autre information pertinente. Facebook offre des outils puissants pour cibler des segments d'audience très spécifiques. Vous pouvez même créer des audiences personnalisées ou similaires basées sur vos données existantes.

Étape 3 : Configuration du Budget et des Enchères

Décidez combien vous voulez dépenser et comment allouer votre budget. Facebook propose différentes stratégies d'enchères qui déterminent comment votre budget sera utilisé. Vous devez comprendre les options comme le coût par clic (CPC), le coût par mille (CPM), ou le coût par action (CPA), et choisir celle qui correspond le mieux à vos objectifs.

Étape 4 : Création des Publicités

C'est le moment de laisser parler votre créativité. Rédigez des textes percutants, choisissez des images ou des vidéos qui attirent l'attention, et réfléchissez à un appel à l'action clair. Assurez-vous que votre message soit cohérent avec votre marque et vos objectifs. Utilisez l'A/B testing pour comparer différentes versions et déterminer laquelle fonctionne le mieux.

Étape 5 : Mise en place et Suivi

Une fois que votre publicité est prête, vous devez la configurer dans Facebook Ads Manager. Sélectionnez votre audience, votre budget, vos enchères, et planifiez votre campagne. Une fois la campagne lancée, ne la laissez pas "en pilote automatique". Suivez régulièrement les performances via le tableau de bord, en surveillant les indicateurs clés tels que le nombre de clics, le taux de conversion, le CTR, et le ROI.

Étape 6 : Analyse et Optimisation

Après avoir collecté suffisamment de données, analysez les résultats. Quels sont les éléments qui ont bien fonctionné ? Quels aspects nécessitent des améliorations ? Identifiez les publicités à faible performance et les segments d'audience qui n'ont pas réagi comme prévu. Faites des ajustements en conséquence, qu'il s'agisse de modifier le ciblage, le contenu publicitaire, ou la stratégie d'enchères.

Étape 7 : Rapport et Évaluation

Enfin, compilez vos résultats dans un rapport détaillé. Ce document devrait inclure vos objectifs initiaux, les résultats obtenus, les leçons apprises, et les étapes suivantes. Évaluez le succès de la campagne par rapport à vos objectifs et déterminez les prochaines étapes. Peut-être une nouvelle campagne avec une approche ajustée, ou l'optimisation continue de la campagne actuelle.

Conclusion

Cet atelier vous a guidé à travers chaque étape de la création d'une campagne Facebook, vous donnant une expérience pratique. La clé est de tester, d'analyser, et d'optimiser continuellement. Aucune campagne n'est parfaite dès le départ, mais avec une approche méthodique, vous pouvez continuellement améliorer et atteindre vos objectifs marketing.

En maîtrisant cet atelier, vous avez non seulement appliqué vos connaissances mais vous êtes désormais prêt à affronter des scénarios réels en tant que media buyer professionnel. Souvenez-vous, le paysage du marketing numérique évolue constamment ; restez donc curieux, continuez à apprendre, et n'ayez pas peur d'expérimenter de nouvelles stratégies ou techniques.

Module 11 : Construire sa Carrière en tant que Media Buyer

11.1 Comment se positionner sur le marché.

Construire une carrière réussie en tant que media buyer, surtout dans un domaine aussi compétitif et en constante évolution que la publicité en ligne, nécessite une stratégie réfléchie. Se positionner sur le marché n'est pas seulement une question de compétences techniques, mais aussi de savoir comment se vendre, se différencier et établir une réputation solide. Voici comment vous pouvez aborder ces aspects cruciaux.

1. Comprendre le paysage du media buying :

Avant de vous positionner, vous devez comprendre le terrain de jeu. Cela signifie connaître les tendances actuelles du media buying, les compétences les plus demandées, les niches de marché les moins saturées, et les défis auxquels l'industrie est confrontée. Restez informé en suivant les publications de l'industrie, en participant à des webinaires, des conférences, et en rejoignant des groupes professionnels. Cette compréhension vous aidera à déterminer où vous vous situez et comment vous pouvez vous démarquer.

2. Définir votre proposition de valeur unique (PVU) :

En tant que media buyer, qu'est-ce qui vous distingue des autres ? Est-ce votre approche innovante de l'analyse des données ? Votre expérience dans un secteur spécifique ? Votre capacité à intégrer des stratégies de media buying avec le marketing de contenu ? Identifiez ce que vous faites le mieux et comment cela apporte une valeur ajoutée à vos clients. Votre PVU doit être le noyau de votre marque personnelle.

3. Construire une marque personnelle forte :

Votre marque personnelle est ce que les gens disent de vous lorsque vous n'êtes pas dans la pièce. Elle doit refléter votre PVU, vos valeurs, vos compétences, et votre vision. Commencez par optimiser vos profils sur les réseaux professionnels comme LinkedIn. Assurez-vous que chaque élément - de votre photo de profil à votre biographie - communique clairement qui vous êtes en tant que professionnel.

Publiez régulièrement des contenus pertinents (articles, études de cas, réflexions sur l'industrie) pour démontrer votre expertise et rester visible dans les flux de vos connections. N'oubliez pas d'interagir avec les publications d'autres personnes pour vous intégrer dans la communauté.

4. Spécialisation vs. généralisation :

Il y a un débat constant sur la question de savoir s'il vaut mieux être un spécialiste ou un généraliste. La vérité est que cela dépend de vous et de votre marché. Si vous êtes incroyablement passionné par un secteur ou un type de media buying, ne vous retenez pas de devenir un spécialiste. Cela peut souvent conduire à des opportunités plus lucratives et à une reconnaissance en tant qu'expert dans votre domaine. D'un autre côté, être un généraliste peut ouvrir plus de portes sur le plan de la variété des projets et des clients. Évaluez soigneusement où vous pouvez apporter le plus de valeur.

5. Networking :

Le réseautage reste l'un des outils les plus puissants pour se positionner sur n'importe quel marché. Assurez-vous de vous connecter non seulement en ligne mais aussi en personne. Recherchez des événements locaux ou des meetups pour les professionnels du marketing. Lorsque vous réseautez, ne pensez pas seulement à ce que vous pouvez obtenir, mais aussi à ce que vous pouvez offrir. Le réseautage est une rue à double sens.

6. Témoignages et études de cas :

Rien ne parle mieux de vos compétences que le succès prouvé. Collectez des témoignages de clients satisfaits et rédigez des études de cas détaillées. Ces éléments de preuve sociale renforcent non seulement votre crédibilité mais fournissent aussi des exemples concrets de ce que les futurs clients peuvent attendre de vous.

7. Formation continue et certification :

Le domaine du media buying, en particulier sur des plateformes comme Facebook, évolue constamment. Les algorithmes changent, de nouvelles fonctionnalités sont introduites, et les comportements des consommateurs évoluent. Montrez que vous êtes à la pointe en obtenant des certifications pertinentes et en vous engageant dans l'apprentissage continu. Cela démontre votre engagement envers votre métier et assure aux clients qu'ils travaillent avec un professionnel compétent et informé.

8. Fixer des tarifs compétitifs :

Vos tarifs doivent refléter votre valeur, votre expérience, et vos compétences. Si vous êtes nouveau dans l'industrie, vous pourriez devoir commencer avec des prix plus bas pour attirer vos premiers clients. Cependant, à mesure que vous gagnez en expérience et en preuves de votre travail, n'ayez pas peur d'augmenter vos tarifs. Faites des recherches sur ce que vos concurrents facturent pour vous assurer que vos tarifs sont compétitifs.

En résumé, se positionner sur le marché en tant que media buyer nécessite une combinaison de stratégie de marque personnelle, de preuve sociale, de réseautage, et d'éducation continue. C'est un processus en évolution constante, mais en restant authentique à votre marque et en vous adaptant aux tendances de l'industrie, vous pouvez établir une carrière durable et réussie.

11.2 Travailler en freelance vs. en agence

A. Travailler en Freelance

1. Définition et contexte :
   - Travailler en freelance signifie opérer en tant qu'indépendant. En tant que media buyer freelance, vous gérez votre clientèle, définissez vos tarifs, et êtes responsable de toutes les facettes de votre entreprise, de la prospection à la gestion des campagnes publicitaires.

2. Avantages :
   - Liberté et flexibilité : L'un des avantages les plus séduisants du freelance est la liberté. Vous fixez vos horaires, choisissez vos clients et travaillez à votre rythme. Si vous préférez travailler de manière asynchrone ou depuis des lieux différents, le freelance vous le permet.

- Choix des projets : Vous avez le dernier mot sur les types de projets sur lesquels vous travaillez. Cette liberté peut augmenter votre satisfaction professionnelle, car vous pouvez choisir des projets qui correspondent à vos intérêts personnels et à vos compétences spécifiques.

- Potentiel de gains : Bien que variable, votre potentiel de revenus en tant que freelance peut être élevé, surtout si vous avez une niche spécifique ou des compétences très demandées. Vous pouvez ajuster vos tarifs en fonction du travail fourni, de votre expérience et de la valeur que vous apportez.

3. Inconvénients :

- Instabilité et incertitude : La contrepartie de la liberté est l'incertitude. Les revenus des freelances peuvent être irréguliers, et trouver des clients demande souvent beaucoup d'efforts en matière de marketing et de réseautage.

- Responsabilités multiples : En tant que freelance, vous gérez tous les aspects de votre entreprise. Cela inclut non seulement l'achat média, mais aussi la comptabilité, le marketing, la relation client, etc. Ces tâches administratives peuvent être chronophages.

- Travail isolé : Le freelance peut être solitaire, surtout si vous travaillez à domicile. Il manque souvent l'environnement collaboratif et le soutien direct qu'une équipe peut offrir.

B. Travailler en Agence

1. Définition et contexte :

- Travailler en agence signifie être employé par une entreprise spécialisée qui gère les campagnes publicitaires de différents clients. Vous travaillez au sein d'une équipe et vous vous concentrez souvent sur une partie spécifique du processus d'achat média.

2. Avantages :

- Stabilité :Contrairement au freelance, un poste en agence offre une plus grande sécurité d'emploi, un salaire régulier et souvent des avantages supplémentaires comme les assurances et les plans de retraite.

- Collaboration et soutien : Vous travaillez avec une équipe, ce qui signifie que vous pouvez échanger des idées, demander de l'aide et apprendre des autres. Cette dynamique d'équipe peut être très enrichissante et instructive.

- Diversité des projets : En agence, vous aurez probablement l'occasion de travailler sur plusieurs comptes et campagnes variés, ce qui vous permettra d'élargir vos compétences et d'éviter la monotonie.

3. Inconvénients :

- Moins de contrôle :Vos projets, horaires et parfois même vos méthodes de travail sont déterminés par l'agence et les clients. Vous pourriez travailler sur des campagnes qui ne vous passionnent pas particulièrement.

- Pression et rythme de travail : Les agences sont souvent soumises à des délais serrés et à des objectifs ambitieux. Cela peut se traduire par une pression élevée et de longues heures de travail, surtout pendant les périodes de pointe.

- Compétition interne : Les promotions et les opportunités de développement peuvent dépendre de la structure de l'agence, et parfois, vous pourriez vous retrouver en compétition avec vos collègues pour des opportunités avancées.

C. Conseils pour prendre une décision

- Évaluez vos compétences personnelles : Êtes-vous autonome, proactif et bon en marketing personnel ? Le freelance pourrait vous convenir. Si vous préférez la stabilité, la structure et travailler avec une équipe directe, envisagez une agence.
- Considérez vos aspirations professionnelles : Où vous voyez-vous dans cinq ans ? Diriger votre propre entreprise, spécialisé dans une niche précise, ou évoluer dans la hiérarchie d'une agence reconnue ?
- Analysez votre situation de vie : Si vous avez besoin d'un revenu stable pour des obligations familiales ou personnelles, le risque du freelance peut ne pas être le meilleur choix. Évaluez honnêtement votre tolérance au risque.

Conclusion :

La décision entre le travail en freelance et en agence dépend de nombreux facteurs, notamment vos objectifs de carrière, votre style de travail, vos compétences interpersonnelles et votre situation de vie. Il est important de se rappeler qu'il n'y a pas de "mauvais" choix, seulement celui qui vous convient le mieux à un moment donné. De plus, votre carrière est dynamique - beaucoup de professionnels passent du freelance à l'agence, ou inversement, en fonction de l'évolution de leurs objectifs et circonstances.

11.3 Développer un portfolio et obtenir des témoignages

Développer un Portfolio Professionnel

1. Importance du Portfolio :
   - Votre portfolio est la preuve concrète de vos compétences, expériences et succès passés. Il fournit une validation visuelle de votre expertise et montre aux clients potentiels ce que vous êtes capable de réaliser. Dans un domaine aussi compétitif, disposer d'un portfolio bien construit vous distingue des autres professionnels.

2. Sélection des Travaux :
   - Choisissez des campagnes variées montrant un éventail de compétences : Diversifiez les exemples de travaux dans votre portfolio pour démontrer votre polyvalence et votre capacité à gérer différents types de campagnes (augmentation du trafic, génération de leads, conversions, etc.).

- Incluez des études de cas : Ne vous contentez pas de montrer des images ou des captures d'écran de vos annonces. Ajoutez des études de cas détaillées expliquant le contexte, les objectifs, la mise en œuvre et, surtout, les résultats obtenus et les leçons apprises.

3. Présentation du Portfolio :

- Créez une version numérique : Dans le monde numérique d'aujourd'hui, avoir un portfolio en ligne est essentiel. Utilisez des plateformes professionnelles ou créez votre propre site web pour présenter votre travail.

- Soyez concis mais informatif : Chaque entrée dans votre portfolio doit être brève mais contenir suffisamment d'informations pour expliquer vos rôles et réalisations. Évitez de surcharger votre portfolio d'informations inutiles.

4. Mise à Jour Continue :

- Votre portfolio doit être un document vivant. Mettez-le régulièrement à jour avec de nouveaux travaux, des études de cas récentes et des résultats obtenus. Cela montre que vous êtes activement engagé dans votre métier et attentif aux tendances actuelles du marché.

Obtenir des Témoignages Authentiques

1. Pourquoi les Témoignages sont Essentiels :

- Les témoignages ajoutent une couche de confiance et de crédibilité à votre travail. Ils humanisent vos réussites professionnelles et permettent aux clients potentiels de voir les réactions et satisfactions de ceux avec qui vous avez travaillé.

2. Comment Demander des Témoignages :

- Demandez des témoignages à la fin d'un projet réussi : Lorsque vous avez livré avec succès et que le client est satisfait, demandez-lui s'il peut partager son expérience de travail avec vous.

- Guidez-les légèrement : Si vos clients sont d'accord mais ne savent pas quoi écrire, proposez-leur une structure simple pour articuler leur témoignage. Demandez-leur de mentionner le problème qu'ils avaient, comment vous avez résolu ce problème et les résultats qu'ils ont observés.

3. Utilisation des Témoignages :

- Intégrez les témoignages dans votre portfolio : Cela permet de contextualiser davantage vos études de cas et vos exemples de travaux.

- Utilisez-les dans votre matériel de marketing : Les témoignages peuvent être extrêmement puissants lorsqu'ils sont utilisés dans votre CV, sur LinkedIn, dans des propositions de projets et sur votre site web professionnel.

4. Gérer les Témoignages Négatifs :

- Bien que l'objectif soit d'obtenir des témoignages positifs, vous pouvez parfois recevoir des commentaires négatifs. Utilisez ces occasions pour apprendre et grandir professionnellement. Répondez toujours de manière professionnelle et réfléchie, en montrant que vous prenez les feedbacks au sérieux et que vous vous engagez à améliorer constamment votre service.

En résumé, un portfolio impressionnant, complété par des témoignages authentiques, est votre billet d'entrée dans le monde compétitif du media buying. Il montre non seulement votre compétence technique, mais aussi votre capacité à générer des résultats concrets et à satisfaire vos clients. En investissant du temps et des efforts dans ces aspects, vous vous positionnez comme un professionnel sérieux et fiable, augmentant ainsi vos chances de succès continu dans le domaine.

11.4 Continuer à se former : Rester à jour avec les évolutions de l'industrie

Dans le domaine dynamique du marketing digital, rester stationnaire équivaut à reculer. La technologie, les plateformes et les comportements des consommateurs évoluent constamment, et les stratégies qui étaient efficaces hier peuvent ne pas l'être demain. Pour les professionnels du media buying, et en particulier ceux qui se spécialisent dans l'utilisation de plateformes telles que Facebook Ads, l'engagement envers l'apprentissage continu n'est pas simplement bénéfique ; il est crucial pour le succès et la pérennité de leur carrière.

Comprendre l'importance de l'éducation continue

Le paysage du media buying est loin d'être statique. Facebook, par exemple, met régulièrement à jour ses algorithmes, change ses options de ciblage, modifie ses interfaces utilisateur et ajuste ses règles de conformité. Si vous ne suivez pas ces changements, vous risquez non seulement de voir vos campagnes devenir moins efficaces, mais aussi de perdre la confiance de vos clients ou employeurs.

De plus, l'industrie dans son ensemble est sujette à des changements réglementaires, à l'émergence de nouvelles plateformes et technologies, et à des fluctuations dans les tendances de consommation des médias. Les media buyers doivent surveiller et s'adapter à ces tendances pour développer des stratégies qui captent efficacement l'attention des consommateurs.

Stratégies pour un apprentissage continu

1. Suivre les bonnes ressources : Abonnez-vous aux blogs, podcasts et chaînes YouTube officiels de l'industrie et des plateformes avec lesquelles vous travaillez. Facebook, par exemple, offre des ressources exhaustives pour les annonceurs. Ne négligez pas non plus les influenceurs de l'industrie, les forums professionnels et les groupes sur les réseaux sociaux où les experts discutent des dernières nouvelles et stratégies.

2. Formation et certification officielles : Des plateformes comme Facebook proposent leurs propres programmes de formation et de certification, tels que Facebook Blueprint. Ces cours sont souvent mis à jour pour refléter les dernières fonctionnalités et meilleures pratiques de la plateforme. Obtenir une certification peut non seulement améliorer vos compétences, mais aussi augmenter votre crédibilité auprès des clients et des employeurs.

3. Participation à des conférences et ateliers : Les événements de l'industrie sont d'excellentes occasions de réseautage et d'éducation. Ils vous permettent de rencontrer des experts de l'industrie, d'apprendre de nouvelles stratégies lors de sessions et d'ateliers, et de découvrir des technologies émergentes et des solutions de fournisseurs.

4. Apprentissage pratique : Ne vous limitez pas à la théorie. Testez de nouvelles stratégies, fonctionnalités et technologies dès qu'elles deviennent disponibles. L'expérience pratique est souvent le meilleur enseignant, et elle vous permet de comprendre concrètement comment les changements affectent vos campagnes.

5. Réseautage avec des pairs : Établissez des relations avec d'autres professionnels du media buying. Les groupes de discussion, les forums en ligne et les associations professionnelles peuvent être d'excellentes ressources pour apprendre des expériences des autres, poser des questions et obtenir des conseils sur les défis auxquels vous êtes confronté.

Développer une routine d'apprentissage

L'apprentissage continu n'est pas quelque chose que vous faites une fois puis oubliez ; il doit s'agir d'une partie régulière de votre routine professionnelle. Consacrez du temps chaque semaine à la lecture des dernières actualités de l'industrie, à la participation à des webinaires, à l'apprentissage de nouvelles compétences ou à l'expérimentation avec de nouvelles stratégies ou outils.

Gardez une trace de ce que vous apprenez ; documenter vos découvertes et les résultats de vos expériences peut être une ressource précieuse pour l'avenir. Cela peut également vous aider à identifier les domaines où vous avez besoin de plus de formation ou de compréhension.

Conclusion

En fin de compte, la clé pour rester à jour dans le domaine du media buying est l'engagement. Cela signifie prendre l'initiative de rester informé, être proactif dans l'expansion de vos compétences et connaissances, et reconnaître que l'apprentissage dans ce domaine est un voyage sans fin. Avec la bonne approche et un engagement envers l'excellence, vous pouvez non seulement suivre le rythme, mais aussi devenir un leader et un innovateur dans le domaine du media buying.

Module 12 :
Conclusion et Étapes Suivantes

12.1 Récapitulatif des compétences acquises

La conclusion de cette formation marque le début de votre voyage autonome dans le monde complexe et dynamique du media buying, avec un accent particulier sur la maîtrise de Facebook Ads. Vous avez parcouru un chemin considérable, acquérant une multitude de compétences, de techniques et de connaissances qui vous positionnent idéalement pour exceller dans ce domaine. Faisons un récapitulatif détaillé des compétences que vous avez acquises tout au long de cette formation.

1. Compréhension approfondie de l'écosystème de Facebook Ads : Vous avez appris comment fonctionne l'environnement publicitaire de Facebook, y compris une compréhension détaillée de l'Ads Manager. Vous êtes maintenant capable de naviguer avec confiance dans cette plateforme, en utilisant ses diverses fonctionnalités pour configurer et gérer des campagnes publicitaires.

2. Maîtrise du ciblage et de la segmentation de l'audience : L'une des compétences les plus précieuses que vous avez développées est la capacité de cibler avec précision différents segments de marché. Vous savez comment créer des audiences personnalisées, utiliser des audiences similaires pour élargir votre portée, et appliquer des techniques de micro-ciblage pour adresser des messages publicitaires ultra-spécifiques.

3. Création et test de publicités efficaces : Vous avez acquis la compétence de concevoir des publicités qui attirent l'attention et engagent. Cela inclut la rédaction de textes persuasifs, la sélection d'images ou de vidéos qui augmentent la conversion, et surtout, la mise en œuvre de tests A/B pour comparer différentes versions de publicités et sélectionner les plus performantes.

4. Gestion et optimisation du budget : La maîtrise de l'allocation budgétaire et des stratégies d'enchères est essentielle pour tout media buyer. Vous avez appris à définir des budgets, à choisir des stratégies d'enchères adaptées à vos objectifs, et à ajuster ces éléments en fonction des performances de la campagne pour assurer un retour sur investissement optimal.

5. Analyse de données et reporting : La capacité à interpréter les données de campagne est cruciale. Vous savez maintenant comment utiliser les outils d'analyse de Facebook pour extraire des données, comprendre des métriques clés comme le CTR, le CPC, le CPA, et le ROAS, et les utiliser pour évaluer et améliorer les performances de vos campagnes.

6. Connaissance de la conformité et des meilleures pratiques : Vous êtes désormais bien versé dans les politiques publicitaires de Facebook, un aspect souvent négligé mais vital pour éviter les désapprobations de publicités et d'autres complications. Vous avez également appris les meilleures pratiques éthiques dans la création et la gestion de publicités.

7. Intégration multicanale : Au-delà de Facebook, vous avez acquis une compréhension de l'importance de l'intégration multicanale. Vous savez comment votre travail avec Facebook Ads s'inscrit dans une stratégie marketing plus large, en utilisant d'autres plateformes et en assurant une expérience cohérente pour les utilisateurs à travers différents points de contact.

8. Développement professionnel continu : Enfin, vous avez appris l'importance de l'éducation continue dans ce domaine en rapide évolution. Vous avez acquis des stratégies pour rester à jour avec les tendances de l'industrie, les mises à jour des plateformes, et les meilleures pratiques émergentes.

En résumé, vous êtes maintenant équipé d'un arsenal de compétences qui vous permettront non seulement de lancer, gérer, et optimiser des campagnes publicitaires sur Facebook, mais aussi de communiquer efficacement vos stratégies, de collaborer avec d'autres professionnels ou départements, et de contribuer de manière significative à la croissance et au succès de toute entreprise.

Ce parcours éducatif était dense et exigeant, mais les compétences que vous avez développées sont immensément précieuses. Elles vous distinguent sur le marché professionnel, vous permettant de vous positionner comme un expert en media buying, spécifiquement pour les publicités sur Facebook. Alors que vous avancez, souvenez-vous que le paysage numérique continue d'évoluer. Restez curieux, continuez à apprendre, et n'oubliez jamais que chaque campagne est une opportunité d'expérimenter, d'innover et de vous améliorer encore plus.

12.2 Plan d'action pour les 90 prochains jours

Après avoir traversé une formation intensive sur le media buying et la maîtrise de Facebook Ads, il est impératif de mettre en place un plan d'action robuste pour les 90 prochains jours. Ce plan est conçu pour consolider vos connaissances, mettre en pratique vos compétences et vous positionner comme un expert en media buying dans le monde professionnel.

Jours 1-30 : Consolidation des Connaissances et Préparation

1. Révision Complète : Commencez par une révision approfondie de tous les modules de la formation. Créez des fiches récapitulatives pour chaque module, soulignant les points clés, les meilleures pratiques et les stratégies d'optimisation.

2. Configuration des Outils Nécessaires : Assurez-vous que vous avez accès à Facebook Ads Manager et à tous les outils connexes. Configurez votre pixel Facebook, préparez des modèles de rapports et créez une liste de contrôle pour l'analyse des campagnes.

3. Développement d'un Portfolio : Commencez à travailler sur votre portfolio en créant des exemples de campagnes basés sur des scénarios hypothétiques ou réels. Cela peut inclure la rédaction de copies publicitaires, le choix des visuels, la segmentation de l'audience et la définition des budgets.

4. Réseau et Communauté : Rejoignez des forums, des groupes sur les réseaux sociaux et des plateformes en ligne où les media buyers, les spécialistes du marketing et les entrepreneurs se réunissent. Commencez à interagir en posant des questions, en partageant vos insights ou en commentant les discussions.

Jours 31-60 : Mise en Pratique et Analyse

1. Lancement de Campagnes Expérimentales : Si vous avez votre propre entreprise, envisagez de lancer une petite campagne. Si vous ne l'avez pas, cherchez une organisation ou un ami qui permettrait de tester vos compétences (même avec un petit budget). L'objectif est de mettre la théorie en pratique.

2. Analyse et Rapport : Apprenez à analyser en profondeur les résultats de vos campagnes. Quels étaient les taux de clics (CTR), le coût par action (CPA), le retour sur investissement publicitaire (ROAS) ? Était-ce conforme aux attentes ? Rédigez des rapports détaillés sur ces campagnes pour démontrer vos compétences analytiques.

3. Optimisation des Campagnes : Utilisez les données recueillies pour apporter des modifications et des améliorations. Testez de nouvelles hypothèses, ajustez les segments d'audience, expérimentez avec les créatifs et ajustez les budgets pour voir comment ces changements influencent les performances.

4. Documentation du Processus : Documentez chaque étape, chaque succès, chaque échec et chaque leçon apprise. Cela vous aidera non seulement à suivre vos progrès, mais aussi à démontrer votre pensée critique et votre processus décisionnel aux futurs employeurs ou clients.

Jours 61-90 : Positionnement Professionnel et Croissance Continue

1. Finalisation du Portfolio : Avec les campagnes que vous avez menées, les rapports que vous avez rédigés et les optimisations que vous avez réalisées, compilez un portfolio professionnel démontrant vos compétences, votre expérience et votre manière de penser.

2. Branding Personnel : Développez votre marque personnelle en ligne. Cela peut inclure la mise à jour de votre profil LinkedIn, la création de contenu pour des plateformes de médias sociaux, la participation à des podcasts ou des webinaires, ou même le lancement de votre propre blog sur le marketing numérique.

3. Recherche de Clients ou Postes : Commencez à rechercher activement des opportunités. Avec votre portfolio, vos connaissances et votre marque personnelle, proposez vos services en freelance ou postulez pour des postes dans des agences ou des entreprises.

4. Éducation Continue : Le domaine du media buying, en particulier sur des plateformes comme Facebook, est en constante évolution. Engagez-vous dans une éducation continue en suivant les dernières tendances, en lisant les dernières études de cas et en vous inscrivant à des webinaires, des cours ou des ateliers pertinents.

Conclusion :

Ce plan d'action de 90 jours est un guide pour vous aider à passer de la théorie à la pratique. L'objectif est de vous donner une trajectoire claire pour consolider vos connaissances, gagner en confiance pratique, vous positionner en tant que professionnel et vous engager dans une amélioration et un apprentissage constants. En suivant ces étapes, vous vous préparez à devenir un media buyer très compétent et recherché dans l'industrie.

12.3 Ressources supplémentaires et formations recommandées

Après avoir parcouru en profondeur les intrications du media buying et de la publicité sur Facebook, il est essentiel de reconnaître que l'apprentissage dans ce domaine dynamique est un voyage continu. Le paysage de la publicité numérique est en constante évolution, avec de nouvelles mises à jour, technologies et meilleures pratiques émergeant régulièrement. Pour rester compétitif et efficace, un media buyer doit s'engager dans le développement professionnel continu. Voici des ressources supplémentaires et des formations recommandées pour approfondir votre expertise et rester à jour dans l'industrie.

1. Blogs et Forums Spécialisés :

- AdEspresso Blog : Connu pour ses analyses détaillées des tendances des publicités Facebook et ses nombreux guides.
- Jon Loomer Digital : Spécifiquement pour les marketeurs avancés de Facebook, ce blog offre des insights approfondis et des stratégies avancées.
- Social Media Examiner : Propose des articles, des recherches originales et des informations détaillées sur toutes les plateformes de médias sociaux, y compris Facebook.

2. Livres et eBooks :

- "The Complete Guide to Facebook Advertising" par Brian Meert vous apprend les tactiques précises pour établir et exécuter des campagnes rentables.
- "Killing Marketing: How Innovative Businesses Are Turning Marketing Cost Into Profit" par Joe Pulizzi et Robert Rose offre des perspectives sur la transformation du marketing en une source de revenus différente.

3. Cours et Certifications en Ligne :

- Blueprint Certification de Facebook : C'est la certification officielle de Facebook pour les planificateurs médias et les acheteurs. Elle est reconnue dans l'industrie et couvre des sujets allant des fondamentaux jusqu'aux stratégies avancées.

- Coursera et Udemy : Ces plateformes d'apprentissage en ligne proposent plusieurs cours sur le marketing numérique, y compris des modules spécifiques sur la publicité Facebook. Ils varient en termes de durée et de spécificité, permettant une certaine flexibilité.

4. Podcasts et Webinaires :
- Perpetual Traffic : Ce podcast hebdomadaire offre des conseils sur les stratégies de publicité numérique, y compris des épisodes dédiés à Facebook Ads.
- Social Media Marketing Podcast : Animé par Michael Stelzner de Social Media Examiner, ce podcast explore les succès et les échecs des marketeurs de médias sociaux.

5. Groupes et Réseaux :
- Groupes LinkedIn : Rejoindre des groupes tels que "Facebook Ad Buyers" peut être utile pour le réseautage et le partage de conseils ou d'updates.
- Conferences et Meetups : Événements comme Social Media Marketing World ou les meetups locaux de marketeurs numériques offrent des opportunités de réseautage et d'apprentissage.

6. Outils Analytiques et de Recherche :
- Facebook Audience Insights : Un outil indispensable pour comprendre votre audience cible sur Facebook.
- Google Analytics : Bien que ce ne soit pas spécifique à Facebook, comprendre Google Analytics peut vous aider à mesurer l'impact de vos efforts publicitaires sur votre trafic web global.

- SEMrush : Cet outil offre des informations précieuses sur les tendances de recherche, qui peuvent être utilisées pour affiner vos campagnes publicitaires.

7. Veille Stratégique :
- Journal du Net (JDN) : Restez à jour avec les tendances du marketing digital, y compris les évolutions dans le domaine de la publicité sur Facebook.
- eMarketer : Pour des rapports détaillés et des analyses du paysage de la publicité numérique.

8. Coaching et Mentorat :
- Trouver un mentor expérimenté dans le domaine du media buying peut accélérer votre courbe d'apprentissage. Les plateformes comme GrowthMentor offrent des sessions de mentorat avec des experts en marketing.

9. Communautés et Forums :
- Reddit (r/PPC) : Un forum actif où les professionnels du PPC (Pay-Per-Click) partagent des conseils, des mises à jour et des stratégies.
- Quora : Suivre les sujets liés à Facebook Ads et au media buying pour des insights et des discussions approfondies.

En vous engageant avec ces ressources, non seulement vous restez à jour avec les dernières stratégies et technologies, mais vous développez également un réseau de soutien composé de pairs et de mentors. L'industrie du marketing numérique, et en particulier le domaine du media buying, valorise la connaissance continue et l'adaptabilité. En investissant du temps dans ces ressources supplémentaires et formations recommandées, vous vous positionnez non seulement comme un expert dans le domaine, mais aussi comme un professionnel engagé dans l'excellence et la croissance continue.

12.4 Clôture et feedback sur la formation

La fin de cette formation sur le media buying et la maîtrise de Facebook Ads marque le début de votre voyage dans le monde réel, où chaque campagne que vous lancez, chaque annonce que vous testez et chaque analyse que vous effectuez contribuera à affiner votre expertise. Mais avant de vous lancer dans cette aventure, prenons un moment pour réfléchir à ce que nous avons accompli ensemble et comment vous pouvez utiliser ces nouvelles compétences pour façonner votre avenir professionnel.

Tout d'abord, félicitations pour avoir atteint ce point. Vous avez investi un temps précieux et un effort considérable pour comprendre les nuances du media buying et de la publicité sur Facebook, un paysage en constante évolution et incroyablement compétitif. Vous avez appris comment cibler et captiver votre audience, créer des publicités convaincantes, gérer des budgets, analyser des performances, et optimiser pour le succès. Ces compétences sont inestimables dans le monde numérique d'aujourd'hui.

Cependant, le parcours d'apprentissage ne s'arrête jamais vraiment, surtout dans un domaine aussi dynamique. Les plateformes, les technologies, et les comportements des consommateurs évoluent. Ainsi, un bon media buyer est un apprenant perpétuel. Voici quelques étapes que vous pouvez suivre pour continuer à grandir dans ce domaine :

1. Restez à jour : Suivez les blogs de l'industrie, participez à des webinaires, et rejoignez des groupes professionnels ou des forums en ligne. Les changements dans les règlements ou les algorithmes peuvent être soudains et disruptifs, et être parmi les premiers à adapter vos stratégies peut vous donner un avantage considérable.

2. Réseau et mentorat : Si vous ne l'avez pas déjà fait, envisagez de trouver un mentor ou de rejoindre une communauté de professionnels du marketing. Les insights et le soutien d'individus expérimentés sont inestimables. De plus, en établissant des relations au sein de l'industrie, vous pouvez trouver plus d'opportunités de carrière et de collaboration.

3. Pratique continue : Ne laissez pas vos compétences devenir obsolètes. Appliquez ce que vous avez appris dans des projets réels, que ce soit dans votre travail, en freelance, ou même dans des projets personnels. Chaque campagne est une opportunité d'apprendre et de grandir.

4. Enseignement et partage des connaissances : Une façon de vraiment maîtriser une compétence est d'enseigner aux autres. Cela peut prendre la forme de blogs, de tutoriels vidéo, de parler lors de conférences, ou même de mentorat. Enseigner vous oblige à comprendre vos connaissances à un niveau plus profond.

5. Feedback et réflexion : Prenez le temps de réfléchir régulièrement à vos expériences. Qu'est-ce qui a fonctionné ? Qu'est-ce qui n'a pas fonctionné ? Comment pouvez-vous améliorer ? Le feedback, qu'il soit de clients, de collègues, ou basé sur vos propres réflexions, est crucial pour l'amélioration personnelle.

En clôture, merci de nous avoir choisis comme votre partenaire d'apprentissage dans ce voyage. Nous sommes impatients de voir comment vous allez innover, influencer et réussir dans le monde du media buying. Souvenez-vous, chaque grande carrière commence par un simple pas. Vous avez fait ce pas avec cette formation. Maintenant, allez de l'avant et construisez la carrière dont vous avez toujours rêvé.

Bonne chance et n'oubliez pas : le paysage numérique attend votre empreinte unique. Soyez audacieux, soyez créatif, et surtout, soyez toujours en apprentissage.